新编大学生职业发展与就业指导教程

主　　编　　刘兆成　　孙彤宇　　李冬霞
副 主 编　　张超群　　刘　喆　　张荣家　　房立翠
参编人员　　刘飞飞　　闫家进　　赵　伟　　高敬恒
　　　　　　韩　月　　于海阔　　赵　丹　　刘金磊

北京理工大学出版社
BEIJING INSTITUTE OF TECHNOLOGY PRESS

内 容 简 介

本书以职业规划与就业创业指导为核心，构建了理论与实践深度融合的系统性指导体系。全书分为"职业发展与规划""就业创业指导"两大部分，通过 13 章内容与多维度体验式教学，帮助大学生从自我认知到职场实践形成完整的成长路径。

在职业发展规划部分，从职业规划的本土化意义切入，结合 OBE 教育理念，引导学生通过兴趣、能力、价值观的三维自洽完成自我认知，运用 SMART 原则设定职业目标，规划短期与长期发展路径，并通过专业知识学习、可迁移能力提升及实习实践积累，为职业发展奠定基础。同时，书中融入职业生涯管理理论与案例分析，帮助学生掌握角色转变策略与职场挑战应对方法，实现自洽式职业规划的落地。

就业创业指导部分聚焦实战技能，涵盖就业信息搜集、简历撰写、面试技巧、权益维护等求职全流程指导，通过模拟面试、无领导小组讨论等体验式教学强化实操能力。针对创业方向，书中解析企业家精神与创业机会识别，详解创业计划书撰写要点，结合创新创业资源与政策支持，为大学生创业提供从蓝图到落地的可行性参考。此外，书中收录大量成功与失败案例，通过对常见问题的剖析，帮助学生规避陷阱，提升职场适应力与持续发展能力。

全书以"教学目标—理论讲解—体验实践—案例分析"为逻辑主线，兼顾系统性与实用性，既适合作为高校职业规划课程教材，也可作为大学生自主学习的行动指南，助力学生在职业探索与就业创业中明晰方向、提升竞争力。

图书在版编目（CIP）数据

新编大学生职业发展与就业指导教程／刘兆成，孙

彤宇，李冬霞主编. -- 北京：北京理工大学出版社,2025. 7.

ISBN 978-7-5763-5635-9

Ⅰ. G717.38

中国国家版本馆 CIP 数据核字第 2025QS2752 号

责任编辑：鲁　伟	文案编辑：邓　洁
责任校对：刘亚男	责任印制：李志强

出版发行 ／ 北京理工大学出版社有限责任公司
社　　址 ／ 北京市丰台区四合庄路 6 号
邮　　编 ／ 100070
电　　话 ／ （010）68914026（教材售后服务热线）
　　　　　　　（010）63726648（课件资源服务热线）
网　　址 ／ http://www.bitpress.com.cn

版印次 ／ 2025 年 7 月第 1 版第 1 次印刷
印　　刷 ／ 河北盛世彩捷印刷有限公司
开　　本 ／ 787 mm×1092 mm　1/16
印　　张 ／ 12
字　　数 ／ 275 千字
定　　价 ／ 69.00 元

前言
Preface

在当今社会，高等教育普及化的浪潮席卷而来，大学生群体正面临着前所未有的就业与发展挑战。如何在纷繁复杂的职业世界中找准定位，如何将个人理想与社会需求相契合，如何在就业竞争中脱颖而出，又如何在创新创业的道路上稳步前行，这些问题无时无刻不萦绕在每一位大学生的心头。基于此，本书应运而生，旨在为大学生提供系统、实用且贴合时代需求的指导，助力他们从容应对职业发展中的各种难题。

本书的编写源于对大学生职业发展需求的深刻洞察。我们深知，职业规划并非一蹴而就的事情，它需要从自我认知开始，逐步延伸到对职业世界的探索、职业目标的设定、职业能力的提升，乃至对职业生涯的持续管理。同时，就业与创业作为职业发展的重要路径，也需要大学生掌握相应的技巧与知识，才能在实践中少走弯路。基于此，我们精心构建了本书的内容体系。

本书分为"职业发展与规划"和"就业创业指导"两大部分，结构清晰，逻辑严谨。第一部分"职业发展与规划"，从职业规划的意义与理念入手，引导学生进行自我认知与职业世界探索，进而学习职业目标设定、职业准备以及生涯管理的方法，最后通过实践案例与体验分析加深理解。这一部分注重从理论到实践的过渡，让学生建立起对职业规划的整体认知。第二部分"就业创业指导"，聚焦于就业信息收集、求职材料准备、面试技巧掌握、就业权益维护等就业相关内容，同时也涵盖了创业精神培养、创业计划书撰写、创新创业资源利用等创业方面的知识，最后同样通过实践案例分析帮助学生将所学应用于实际。

值得一提的是，本书突出了"体验式教学"的特色。我们将职业探索实地考察、职业目标设定工作坊、简历撰写与面试模拟等体验式教学内容融合于各章之中，打破了传统理论教学的枯燥感，让学生在体验中深化对知识的理解和运用能力。这种教学方式能够激发学生的主动性和参与性，在实践中提升职业素养。

在本书编写过程中，我们始终坚持以学生为中心，注重内容的实用性和针对性。书中融入了大量的案例分析，既有成功的经验可供借鉴，也有常见的问题与错误作为警示。同时，我们紧跟时代步伐，介绍了新兴职业、就业市场趋势以及创新创业政策等前沿内容，确保教材的时效性。

本书适用于各高职院校的大学生，无论是刚入学的新生，还是即将毕业的高年级学生，都能从中获得有益的指导。对于新生，可以通过学习职业规划的基础知识，尽早树立职业意识；对于高年级学生，则可以重点关注就业与创业的实操技巧，为顺利走向社会做好准备。

我们希望这本书能够成为大学生职业发展道路上的良师益友。然而，职业规划与就业创业指导是一个不断发展的领域，由于编者水平有限，书中难免存在不足之处，恳请广大师生和读者提出宝贵的意见和建议，以便我们在今后的修订中不断完善。

最后，祝愿每一位大学生都能在职业规划的指引下，找准人生方向，在就业与创业的道路上勇往直前，实现自己的人生价值。

编　者

目录 Contents

第二部分：就业创业指导

第一部分

职业发展与规划

（16课时 / 8学时）

第1章 职业规划与立足人生

学习目标

【知识目标】

1. 理解职业规划教育本土化的内涵，明晰其契合国情、促进学生全面发展、推动教育改革创新的重要意义；

2. 掌握 OBE 教育理念的核心要素，透彻理解以岗位需求为导向的职业规划逻辑；

3. 认识自洽式职业规划的内涵，牢记其自我认知、职业认知和动态平衡三个核心要素。

【技能目标】

1. 能够结合实际，运用本土化理论，提出符合地方特色的职业规划教育改进建议；

2. 能够针对自身感兴趣的职业，独立完成岗位能力需求分析，制订具有可操作性的个人职业能力提升计划，并根据实际情况进行动态调整。

【素质目标】

1. 树立扎根本土、服务社会的职业价值观，增强对职业的认同感与责任感；

2. 提升团队协作能力，学会倾听他人意见，积极参与团队决策，共同完成行业调研、职业探索等学习任务。

1.1 职业规划教育本土化的意义与前景

任务设置

在某高职院校的职业规划课堂上，教师发现照搬国外的职业规划案例和方法时，学生参与度不高，难以将其与自身实际联系起来。而引入本地知名企业的用人需求、本地特色产业发展案例后，学生们积极讨论，纷纷提出自己的见解和职业设想。

请思考：为什么会出现这样的差异？职业规划教育本土化能带来哪些改变？

任务学习

2022 年 7 月 14 日，人力资源社会保障部向社会公示了新修订的《中华人民共和国职业分类大典》（以下简称《大典》）。此次大典修订工作于 2021 年 4 月，由人力资源社会保障部、国家市场监督管理总局、国家统计局联合启动，这也是自 1999 年颁布首部国家职业分类大典以来的第二次全面修订。

相较于 2015 年版《大典》，新版《大典》在保持八大类不变的情况下，净增 158 个新职业，职业数量达到 1 639 个。在这期间，我国陆续颁布的 74 个新职业均被纳入其中。围绕制造强国、数字中国、绿色经济等国家重点战略，工业机器人操作员和运维人员、农业数字化技术员等职业也成功入选新版大典。

职业规划教育是保障学生生存好、学习好、发展好的重要举措。职业规划教育是大学教育的一部分，其意义在于为学生筑起一座领航的灯塔，引领学生在反复摸索中找到适合自己的人生航路。本土化的生涯指导能够帮助学生在充满机遇与挑战的新时代，脚踏实地，以实践与恒心"破局"，减少专业选择的盲目性，提高专业学习的吻合度，降低未来职业生涯的离职率，并且在价值观教育中，引导学生自觉将自己的职业选择和国家的发展、家乡的建设相连接。

我国的职业生涯规划课需要整合中西方教学内容，充分利用新媒体，改革创新教育教学的方式方法，解决职业规划教育本土化问题，让教育始终根植于中国大地（见图 1-1）。

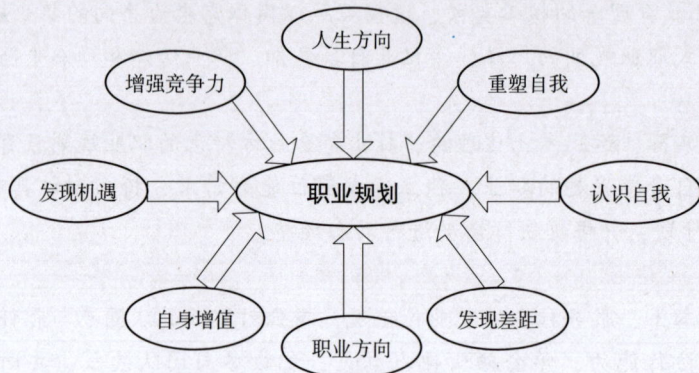

图 1-1　职业规划教育本土化模型

本土化的职业规划教育就是要以"人的全面发展的生涯建构"为本质内涵，抓好立德树人，为党育人、为国育才；以"人的成长成才规律"为基本方略，做好学涯规划，让学生度过美好的大学时光；以"人的生涯建构能力培育"为教学目标，做好职业规划，解决就业"本领恐慌"；以"人的品德与能力"为核心抓手，做好人生规划，成为"大写的人"；以"人的优秀文化习得"为教育宗旨，推进文化自信自强。各学校要根据课程的教学学时，结合社会和时代发展的要求，及时更新教学内容，做好课程建设，抓住课程的特征，挖掘课程元素，培养适应社会发展、有能力、有担当的中国特色社会主义事业接班人。

一、职业规划教育本土化的意义

1. 契合国情与社会需求

我国处于独特的社会经济发展阶段，产业结构不断调整升级，新兴职业层出不穷。本土化的职业规划教育能够紧密结合国家发展战略和地方产业特色，为学生提供符合实际需求的职业信息和规划指导。例如，在制造业发达地区，着重培养学生在智能制造、工业设计等领域的职业规划能力；在科技创新前沿城市，加强对人工智能、大数据等新兴技术领域的职业引导。这样可以使学生更好地适应市场需求，提高就业竞争力，并且为国家经济建设输送合适的人才。

2. 促进学生全面发展

中国学生在成长过程中受到传统文化、教育体制等多方面因素影响，具有独特的心理特点和价值观念。本土化的职业规划教育能够充分考虑这些因素,注重培养学生的综合素质和职业素养,不仅关注职业技能的提升,还重视职业道德、团队协作能力、创新思维等方面的发展。通过挖掘学生的兴趣爱好、优势特长,引导他们树立正确的职业价值观,帮助学生找到既符合自身发展又能满足社会需求的职业道路,实现个人价值与社会价值的统一。

3. 推动教育改革与创新

职业规划教育本土化能够促使教育理念和教学方法的变革,有助于打破传统教育中重理论轻实践、重知识传授轻能力培养的模式,强调以学生为中心,注重实践教学和个性化指导。例如,采用项目式学习、案例教学、企业实习等方式,让学生在真实的职业情境中体验和学习,提高他们解决实际问题的能力。同时,本土化过程中还会整合各类教育资源,有利于加强学校与企业、行业的合作,形成协同育人的良好局面,推动整个教育体系的创新发展。

❯ 二、职业规划教育本土化的前景

1. 课程体系不断完善

未来,职业规划教育本土化将在课程体系建设方面取得更大进展,开发出一系列具有针对性和实用性的课程,涵盖从基础教育到高等教育的各个阶段,根据不同年龄段学生的认知水平和发展需求设置相应的课程内容。例如,在小学阶段开展职业启蒙教育,通过游戏、参观等形式,让学生初步了解不同职业;中学阶段开设职业探索课程,引导学生对自己的兴趣、能力进行初步评估,探索潜在的职业方向;高等教育阶段则提供更加专业化、精细化的职业规划课程,结合专业学习,帮助学生制订详细的职业发展计划。同时,课程内容还将不断更新,及时反映社会经济发展和职业生态变化的最新动态。

2. 师资队伍专业化提升

随着职业规划教育的重要性日益凸显,对专业师资的需求也将不断增加。未来,将建立健全职业规划教师培养体系,加强相关专业建设,培养一批具有扎实理论基础和丰富实践经验的职业规划教师。同时,通过定期培训、学术交流、企业挂职锻炼等方式,不断提升现有教师的专业素养和教学能力。此外,还将吸引更多行业专家、企业高管参与到职业规划教育中来,形成多元化的师资队伍,为学生提供更具实践指导意义的职业规划建议。

3. 校企合作深度开展

职业规划教育本土化离不开企业的参与和支持。未来,校企合作将更加紧密和深入,企业将深度参与职业规划教育的全过程。从课程开发、教学实践到实习就业,企业将与学校建立长期稳定的合作关系。例如,企业为学校提供实习岗位和实践项目,让学生在实际工作中了解行业需求和职业发展路径;参与学校的课程设计,将企业的实际案例和最新技术融入教学内容;派遣企业导师对学生进行一对一的职业指导,帮助学生更好地实现从校园到职场的过渡。通过校企合作的深度开展,实现教育链、人才链与产业链、创新链的有效衔接,提高职业规划教育的实效性。

4. 技术应用与创新

随着信息技术的飞速发展,职业规划教育将不断引入新技术,实现教育方式的创新。例如,利用大数据分析学生的兴趣爱好、学习成绩、就业意向等信息,为学生提供个性化的职业规划建议;借助人工智能开发智能职业规划平台,为学生提供在线职业测评、职业探索、规划制订等服务；通过虚拟现实（VR）、增强现实（AR）等技术，让学生身临其境地体验不同职业场景，增强职业认知和规划能力。技术的应用将使职业规划教育更加便捷、高效、个性化，满足学生多样化的学习需求。

◆◆◆ **活动探索**

特色产业调研

1. 组建任务小组

根据班级学生人数和专业特点，以5~7人为一组。小组成员需涵盖不同性格，具备多元化的思维和技能。在小组内推选一名组长，负责协调小组活动、分配任务、与教师和其他小组沟通交流。

2. 选择特色产业进行调研

选择所在地区的某一特色产业（如当地的农产品加工业、传统手工艺产业等），调研该产业的发展现状、人才需求特点。

所选产业：

_____

_____

发展现状：

_____

_____

_____

人才需求特点：

_____

_____

_____

3. 撰写调研报告，并在班级群分享

以小组为单位，撰写调研报告，探讨职业规划教育如何与该产业发展相结合、如何培养适配人才。

1.2 OBE 理念在职业规划中的应用

任务设置

在一次校园招聘会上，计算机专业的小杨精心准备了个人简历和作品集，自信满满地应聘某互联网公司的 UI（用户界面）设计师岗位。面试过程中，招聘主管提出了一系列问题："你参与过哪些完整的 UI 设计项目？""在项目中，你如何运用用户调研数据优化设计方案？""面对客户提出的紧急设计需求变更，你怎样确保按时交付高质量作品？"小杨顿时慌了神，他在学校虽然学习了 PS、AI 等设计软件，但缺乏实际项目经验，也从未思考过这些问题，最终遗憾落选。

小杨的经历并非个例，许多高职生在求职时都面临着类似的困境：明明学完了专业课程，却难以满足企业的实际岗位需求。这背后反映的，正是OBE（成果导向教育）理念应用于职业规划的重要性。如果小杨在入学之初，就以UI设计师岗位的能力要求为目标，系统规划自己的学习和实践，他是否就能在求职时脱颖而出呢？

任务学习

一、OBE 理念概述

OBE 理念最早由美国学者斯派迪（Spady）提出，强调以学生最终取得的学习成果为导向，反向设计课程体系和教学过程，确保学生在完成学业后能够具备符合预期的知识、能力和素质。其核心要素包含三个方面：明确清晰的学习成果目标、科学合理的教学设计、基于目标达成度的评价反馈。

在职业规划领域，OBE 理念要求我们以岗位需求为导向，将职业目标分解为具体的能力指标，再通过学习和实践逐步实现这些目标。例如，对于小杨想要应聘的 UI 设计师岗位，我们可以将其能力需求拆解为图形设计能力、用户体验分析能力、项目管理能力等，每个能力指标又可以进一步细化为掌握特定设计软件、能够独立完成用户调研、具备时间管理和团队协作能力等具体要求。

二、OBE 理念在职业规划中的实施步骤

1. 确定职业目标

结合个人兴趣、能力和市场需求，明确自己未来想要从事的职业。可以通过职业测评、信息检索、企业调研等方式，全面了解目标职业的工作内容、发展前景、岗位要求等信息。

2. 分析岗位能力需求

深入研究目标职业所需的知识、技能和素质，将其分解为具体的能力指标。可以参考行业标准和招聘网站上的岗位描述、职业资格证书要求等，建立详细的能力需求清单。

3. 制订学习与实践计划

根据能力需求清单，制订个性化的学习与实践计划。在学校课程学习方面，选择与目标职业相关的课程，积极参与课堂讨论和实践项目；在课外实践方面，争取参与企业实习、技能竞赛、社团活动等，积累实际工作经验。

4. 定期评估与调整

建立定期的自我评估机制，对照能力需求清单，检查自己的学习和实践成果。根据评估结果，及时调整学习与实践计划，弥补能力短板。

三、OBE 理念对高职生职业规划的意义

对于高职生而言，OBE 理念能够帮助他们打破"重理论轻实践"的传统学习模式，更有针对性地提升职业能力。通过以岗位需求为导向进行职业规划，高职生可以提前了解企业的用人标准，在校期间就有针对性地培养自身的专业技能和职业素养，增强就业竞争力，实现从校园到职场的无缝对接。

◆◆◆ **活动探索**

我的职业能力提升计划

1. 活动目标

运用 OBE 理念，制订个人职业能力提升计划，明确在校期间的学习和实践方向。

2. 活动准备

（1）准备"职业能力需求分析表"和"个人职业能力提升计划表"。

（2）查找本专业对应的岗位信息和能力需求案例。

3. 活动步骤

（1）职业/岗位选择：结合自身专业和兴趣，从教师提供的职业信息中选择一个目标岗位，或自主确定一种感兴趣的职业。

（2）能力需求分析：参考案例，通过查阅招聘网站、采访从业人员等方式，分析目标职业的能力需求，填写"职业能力需求分析表"（表1-1），将能力需求分解为具体的知识、技能和素质指标。

表1-1　职业能力需求分析表

目标岗位	
知识	
技能	
素质	

（3）自我评估：对照能力需求指标，对自己目前已具备的能力进行评估，找出优势和不足，填写在"个人职业能力提升计划表"中（表1-2）。

（4）制订提升计划：根据自我评估结果，制订详细的职业能力提升计划，包括选择哪些课程、参加哪些实践活动、如何利用课余时间提升能力等，并明确每个阶段的时间节点和预期成果。

表1-2 个人职业能力提升计划表

优势和不足	
拟学习的课程	
拟参加的实践活动	
能力提升规划	

（5）小组分享与交流：以小组为单位，分享自己的职业能力提升计划，小组成员相互提出意见和建议，帮助彼此完善计划。

（6）展示与点评：每个小组推选一名代表，在班级中展示小组内优秀的职业能力提升计划，教师进行点评和总结，强调OBE理念在计划制订中的应用要点。

1.3 自洽式职业规划实现路径概述

任务设置

小周是一名市场营销专业的高职毕业生，毕业后顺利进入一家快消品公司担任销售专员。工作半年后，他却陷入了深深的迷茫：每天重复性地拜访客户、推销产品，让他感到枯燥乏味，工作热情逐渐消退；身边的同事为了提高业绩不择手段，与他秉持的诚信理念相悖；同时，他发现自己并不擅长与人沟通，面对客户的拒绝常常感到挫败。

小周开始怀疑自己的职业选择，他回想起当初选择市场营销专业，只是因为这个专业就业面广，从未深入思考自己是否真的适合。他不禁自问："为什么我的职业之路走得如此艰难？怎样才能找到一份既符合自己价值观，又能发挥自身优势的工作呢？"

任务学习

一、自洽式职业规划的内涵

自洽式职业规划，是指个体在进行职业规划时，充分考虑自身的兴趣爱好、能力特长、性格特点和价值观，使职业目标、发展路径与个人内在特质达到和谐统一，实现职业发展与个人成长的良性互动。它强调职业选择不是盲目跟风或被动接受，而是基于对自我和职业环境的深刻认知，做出最适合自己的决策。

自洽式职业规划包含三个核心要素：一是自我认知，即清晰地了解自己的优势与不足、兴趣与偏好、价值观与职业理想；二是职业认知，即全面掌握目标职业的工作内容、发展前景、所需能力和行业文化；三是动态平衡，即在职业发展过程中，根据自身成长和环境变化，及时调整职业规划，始终保持个人与职业的适配性。

二、自洽式职业规划的实现步骤

1. 深度探索自我

借助职业测评工具、自我反思日记、他人评价等手段，从兴趣、能力、性格、价值观四个维度全面剖析自己。例如，通过回顾过往经历，梳理自己擅长的领域和取得的成就，明确能力优势。

2. 全面认知职业

运用多种手段开展职业探索，包括查阅行业报告、浏览招聘网站岗位信息、参加企业开放日、采访职场人士等。深入了解不同职业的工作场景、晋升通道、薪资待遇和所需的知识技能，构建对目标职业的立体认知。

3. 设定目标与规划路径

结合自我认知和职业认知，确定长期职业目标，并将其分解为阶段性的短期、中期目标。针对每个阶段目标，制订具体的实现路径，如选择哪些课程提升专业知识、参加哪些实践活动积累经验、考取哪些职业资格证书增强竞争力等。

4. 实践与反馈调整

按照规划积极付诸实践，在学习和工作过程中，定期进行自我评估，收集来自教师、同学、同事等多方面的反馈意见。当发现规划与实际情况存在偏差时，及时调整目标和路径，确保职业规划始终保持自洽。

三、自洽式职业规划的重要意义

对于高职生而言，自洽式职业规划能够有效避免因盲目选择职业而导致的职业倦怠和频繁跳槽，帮助他们在职业发展道路上保持持续的动力和热情。通过实现个人与职业的高度契合，高职生不仅能够在工作中充分发挥自身潜力，获得成就感和满足感，还能更好地实现个人价值与社会价值的统一，为职业生涯的长远发展奠定坚实基础。

◆◆◆ **活动探索**

体验职业人生

1. 活动目标

通过沉浸式的角色扮演与情境模拟，在趣味体验中实践自洽式职业规划理念，强化自我认知与职业认知的结合，提升职业决策与问题解决能力。

2. 活动准备

（1）编写多个不同职业背景的"剧本"，每个剧本包含详细的职业设定（如工作场景、岗位职责、面临的挑战等）、3~5个关键剧情节点（对应职业发展中的不同阶段或问题），并设置多种不同的剧情走向。例如新媒体运营专员的剧本，可以包含策划爆款短视频、应对数据下滑、处理客户投诉等剧情（表1-3）。

表1-3 职业体验剧本

职业设定		剧情节点	
工作场景		关键剧情一	
岗位职责		关键剧情二	
面临的挑战		关键剧情三	

（2）准备角色卡片，上面标注角色的基本信息、性格特点、能力优势与短板（如"性格外向，擅长沟通，但数据分析能力较为薄弱"），每个剧本对应多个角色卡片。

（3）布置活动场地，模拟不同的职场场景（如办公室、会议室、项目洽谈室等），准备相应的道具（如工作文件、电脑模型、白板等）。

（4）教师担任"职业导师"，在活动过程中进行引导和点评。

3. 活动步骤

（1）抽取角色与了解背景：随机抽取角色卡片，明确自己扮演的角色身份与特点。阅读角色所对应剧本的背景资料，熟悉即将面临的职业环境与任务。

（2）推进剧情与制订决策：按照剧本设定，在"职业导师"的引导下逐步推进剧情。在每个关键剧情节点，结合角色特点与自洽式职业规划理念，分析面临的问题，做出决策（如选择哪种方案解决工作难题、如何规划个人的职业发展路径等）。根据不同选择触发相应的剧情发展，直观感受决策带来的影响。

（3）小组讨论与经验交流：每完成一个剧本的剧情体验后，拿到同一剧本的学生组成小组，讨论在活动过程中做出决策的依据，分享如何将自身特质与职业需求相结合，以及从决策结果中获得的经验教训。

（4）跨组分享与导师点评：各小组推选代表进行全班分享，展示不同职业剧本中的精彩决策与故事。"职业导师"从自洽式职业规划的角度，对学生的表现进行点评，分析决策的合理性，强调自我认知和职业认知在职业发展中的重要性。

（5）现实迁移与规划反思：结合在活动中的体验，思考如何借鉴活动中的经验，优化个人的自洽式职业规划路径，并记录反思内容。

第2章　自我认知与职业世界

学习目标

【知识目标】

1. 深入理解兴趣、能力、价值观在职业规划中的重要性，以及价值观对职业选择的影响；

2. 清晰认识行业的定义、分类和发展趋势，了解职业的内涵、要素和分类，掌握职位与岗位的区别和联系，熟悉一些新兴职业和具有前景的行业领域及其应用场景；

3. 了解职业发展的趋势，如人才选拔智能化、岗位转移频繁、新兴产业兴起、人才类型多样化、复合型人才需求增加等。

【技能目标】

1. 能够分析自己的职业兴趣倾向，根据测试结果探索适合自己的职业方向；

2. 学会运用多种方法（如网络检索、企业实地调研、采访业内人士等）收集行业、职业、职位与岗位的信息，能够运用SWOT等工具分析行业和职业的发展情况。

【素养目标】

1. 树立正确的职业价值观，培养积极的职业态度，增强对职业的认同感和责任感；

2. 提升团队协作素养，能够与同学合作完成行业调研、职业探索等任务，学会倾听他人意见，共同推进学习进程。

2.1　兴趣、能力、价值观三维自洽

任务设置

想象我们的职业生涯是一幅拼图，兴趣、能力和价值观就是其中至关重要的三块碎片。当这三块碎片完美契合时，我们职业生涯的画卷才会完整且绚丽。如果兴趣是我们愿意主动探索的领域，能力是我们完成任务的工具，那么价值观就是指引我们选择方向的罗盘。

请大家在下方写下三件自己最喜欢做的事情，然后思考在做这些事情时，你用到了哪些能力，又获得了哪些让你感到满足的收获。

最喜欢做的事情：

_____

用到的能力：

_____

收获：

_____

从这番简单的思考中，我们已经开始了对兴趣、能力、价值观的初步探索。

任务学习

一、兴趣——职业生涯的起点

兴趣，是我们内心对某事物或活动的喜爱与渴望，它就像一颗璀璨的星星，在我们的生活中闪耀着独特的光芒，让我们不由自主地投入时间和精力去探索、去追求。而职业兴趣，则是这份热爱在职业领域的具体投射，它使我们对特定的职业活动给予优先关注，并心生向往。

以体育界为例，谷爱凌自幼对滑雪有着浓厚的兴趣，这份兴趣驱使她不断挑战自我，日复一日地在滑雪场上刻苦训练，最终在 2022 年北京冬奥会中斩获 2 枚金牌和 1 枚银牌，展现出了非凡的实力；苏炳添对短跑的热爱让他坚持不懈地进行高强度训练，一次次突破身体极限，2021 年 8 月 1 日，32 岁的苏炳添在 2022 年北京奥运会男子百米半决赛中以 9 秒 83 的成绩刷新亚洲纪录，成为首位晋级奥运男子 100 米决赛的亚洲选手，创造了亚洲田径的历史。从这些例子中不难看出，兴趣在职业选择和发展中起着至关重要的作用。当我们对一份职业充满兴趣时，就会有源源不断的动力去学习相关知识和技能，面对困难和挑战时也能保持积极乐观的态度，更容易在工作中获得满足感和成就感。

每个人都有自己的兴趣爱好，而当个人所从事的工作与其兴趣相契合时，他们往往能在工作中表现出更高的热情、专注度和创新能力。职业兴趣被视为推动个人走向成功的重要动力。历史上的杰出人士，无一不对自己的职业抱有浓厚的兴趣和热爱。职业兴趣并非与生俱来，它的形成与个人所处的社会历史背景、参与的实践活动，以及对自我能力的洞察紧密相连。例如，随着计算机技术的飞速发展，对这一领域感兴趣的人数也迅速增长，这种现象受到现实市场需求和历史发展阶段的共同影响。同样，一个人在长期从事某一特定职业的过程中，通过不断的实践和对工作内容的深入理解，可能会逐渐发掘并培养出自己的才能和专长，从而对该职业产生浓厚的兴趣。因此，职业兴趣是在个人与环境的共同作用下逐渐得到塑造和发展的。

课堂延伸

尽管职业兴趣具有一定的稳定性，但人们仍可以通过自身的努力去规划、发展和培养它。扫描二维码可自主学习五种职业兴趣自我培养的方法。

职业兴趣自我培养的方法

二、能力——职业生涯的基石

（一）能力

当今社会是一个充满机遇的时代，有人能够从兴趣出发选择职业，但是也有人会有疑问："我喜欢这份工作，但为什么我在工作上很难获得成功呢?"，原因也许很简单，就是知道自己想干什么了，却没有认真分析自己能不能干好这件事，也就是说，可能存在能力不足的问题。

现在的招聘流程一般都会设置笔试、面试等环节，这就是对求职者能力的考查。能力是指一个人顺利完成某种活动所必需的心理条件，是直接影响活动效率的个性心理特征。能力在活动中形成、发展和表现出来，也是从事某种活动的前提。能力可以分为很多种类，夸奖某人"有才"通常也是指某一种特定的能力，如销售、写作、演讲等。但是任何一个人都不可能掌握所有的能力，客观地看待自己的能力倾向，知己所长，既不自视过高，也不妄自菲薄，只有针对性地选择适合自己的职业，才能实现自己的人生价值。

（二）职业能力

职业能力是从事职业活动所需知识、技能与素质的综合体现，其核心包括一般职业能力和专业技术能力。

1. 一般职业能力

一般职业能力指现代职业要求求职者普遍具有的能力，主要包括以下三个方面：

（1）跨职业的专业能力。

跨职业的专业能力主要表现在三个方面：运用数学和测量方法的能力；应用计算机的能力；运用外语解决技术问题和进行交流的能力。

（2）方法能力。

方法能力主要体现在三个方面：一是信息收集和筛选能力；二是制订工作计划、独立决策和实施的能力；三是准确的自我评价能力和接受他人评价的承受力，并能够从成败经历中吸取经验教训。

（3）社会能力。

社会能力主要是指一个人的团队协作、人际交往和沟通的能力。能够协同他人共同完成工作、对他人公正宽容、具备较好的判断力等，是胜任岗位和在工作中开拓进取的重要条件。

2. 专业技术能力

专业技术能力主要是指从事某一职业的专业能力。在求职的过程中，招聘方最关注的就是求职者是否具备胜任岗位工作的专业能力，求职者一般要提供能胜任该岗位的技能证明。例如，教师只具有语言表达能力是不够的，还必须具有对教学的组织和管理能力，对教材的理解和使用能力，对教学问题和教学效果的分析判断能力，对学生学习的指导、启发能力。

专业技术能力可以分为三种类型：

（1）专业知识技能。

如果把知识看成一种信息的话，那么知识性技能就是对信息进行分类、加工、整合并加以应用的一种能力。知识本身是静态的，而知识性技能是一种动态的表达。这类技能与专业学习或工作内容直接相关，需要通过有意识的、专门的培训获得，不能迁移。专业知识技能并非只有通过正式的专业教育才能获得，它的获得还有其他途径，如课程学习、课外培训、自学、专业会议、讲座或研讨会、资格认证考试、上岗培训等。

（2）自我管理技能。

良好的自我管理技能可以帮助个体更好地适应周围的环境，应对工作中出现的问题，因此也被称为"适应性技能"。自我管理技能经常被看作个性特质而非单纯技能，它经常被用来描述或说明个体所具有的独特性格，如创新、自信，在职场适应性和成功中起到关键作用。自我管理技能无论是一个人先天具有的，还是后天习得的，都需要练习。因此也被称为"适应性技能"。

（3）可迁移技能。

个人所获得的各种技能之间可以相互作用，已经掌握的技能可能对新技能的习得起促进作用，也可能妨碍新技能的学习。这种现象叫作技能的迁移。可迁移技能的特征是它可以在生活的方方面面，特别是工作之外得到发展，可以迁移应用于不同的工作之中，因此也被称为"通用技能"。

如今，企业在招聘大学毕业生时，通常会综合考虑他们的教育背景、实际经验以及工作态度。虽然某些特定领域，如医学、程序设计或化工等行业确实需要专门的知识或资格证书，但多数职业还是更看重自我管理能力和可迁移技能，而非仅仅知识技能。

🔑 课堂延伸

能力并非一成不变的，通过学习和训练，我们能够不断提升自己的能力水平，拓宽职业发展的道路。培养职业能力的四种方法可扫描二维码自主学习。

培养职业能力的方法

◆◆◆ 活动探索

说一说让你有成就感的三件事，并从中发现自己的能力。每个成就故事应当包括以下五个要点。

（1）你想达到的目标。

（2）你面临的困难和挑战。

（3）你是如何一步步克服困难、迎接挑战的。

（4）你取得的成就。

（5）你发挥的能力和使用的技能。

成就故事1：_____

_____

成就故事2：_____

_____

成就故事3：_____

_____

🔑 课堂延伸

能力与兴趣

如果有能力但没有兴趣，或者有兴趣但没有能力，该怎么办？首先，能力和兴趣都有助于我们做出职业选择；其次，能力和兴趣不能同时很好地满足某种职业的要求时，我们需要从发展的视角来规划行动，以使能力和兴趣相互促进；最后，能力和兴趣往往相辅相成，有助于我们获得和发展职业。图 2-1 所示的能力-兴趣四象限能够帮助我们更清晰地了解能力和兴趣对职业发展的影响。

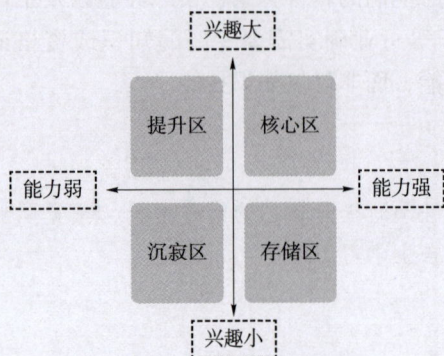

如果你发现自己对一份职业既擅长又感兴趣，即处于核心区，此时你会充满动力，工作发展也较顺利。不过，在每个人漫长的职业生涯里，能力和兴趣并不总是匹配的，两者错位可能是常见的状态。这时我们该如何行动？其实，图中的不同区域是可以相互转化的。如果你对一份职业很有兴趣，但能力不足，即处于提升区，那就应该提升自己的能力；如果你正处于存储区，工作做得很好，但就是没有兴趣，那么不妨多观察和尝试，进一步了解是什么让你提不起兴趣和怎么发展兴趣；如果你正处在沉寂区，既不感兴趣也觉得自己做不好，那么你可能会回避这份职业。能力和兴趣都是可以改变的，二者不匹配的状态往往是暂时的。我们要弄清楚自己处于哪个象限、有可能往哪个象限转变。

图 2-1　能力-兴趣四象限

✈ 三、价值观——职业生涯的灯塔

价值观是我们内心深处对事物重要性的评判标准，它影响着我们的职业选择和工作态度。在职业领域中，常见的价值观有成就感、工作-生活平衡、社会地位、人际关系等。例如，有些同学非常看重成就感，希望在工作中不断挑战自我，取得突出业绩；而有些同学更注重工作和生活平衡，希望有足够的时间陪伴家人、发展个人兴趣。明确自己的职业价值观，能让我们在面对职业选择时，做出符合内心需求的决策，避免盲目跟风。

职业价值观体现了职业的属性、功能，以及职业活动对主体需要的满足关系。不同的职业能满足人的不同价值需求。比如，科研工作可以满足人的智性激发、成就、声望等价值需求，但不能满足管理权力、多样性等价值需求；自由撰稿工作能满足人的审美、独立自主等需求，但不能满足安全、同事关系等价值需求。如果对创造性的需求比较高，那么与设计、建筑、广告创意、艺术等有关的工作可能会符合要求。

◆◆◆ 活动探索

构建职业价值观

每个人希望从工作中获得的、在工作中追求和重视的东西都不同，请同学们按照以下步骤，选出你心中重要的职业价值观。

职业价值观大概有以下几条：

◎ 声望：受到大家的尊重与礼遇。

◎ 独立性：能够自己做决定。

◎ 助人性：能够协助或教导别人。

◎ 变化性：工作的内容不单调，有挑战，需创新。

◎ 领导性：工作时能够督导他人、分配工作。

◎ 兴趣：符合自己的喜好。

◎ 待遇：薪水高、利润多。

◎ 休闲性：拥有较长的休闲时间。

◎ 福利：工作的地方能够提供良好的福利。

◎ 前景：这个职业将来会有很好的发展。

◎ 安定性：收入稳定，不受大环境景气程度的影响。

◎ 升迁：有明确的升迁制度和机会。

◎ 意义：对人、社会或世界的贡献比较大。

◎ 环境：工作环境舒适。

◎ 人际：同事修养好，人际关系和谐。

步骤1：从上面15项价值观中选出对自己较重要的8个。

步骤2：在这8个选项中删除3个（不是选出5个，而是删除3个。注意：删除某一选项，意味着你将永远无法在这一项上感到满意）。

步骤3：再删除1个选项，留下4个。

步骤4：再删除1个选项，留下3个。

步骤5：将最后3个选项按照重要程度排序，尝试用实例说明自己的理解，确定自己的职业价值观，并据此对当前的学习、生活或工作做出满意度评价。

职业价值观排序：_____

_____

实例及满意度评价：_____

_____

与同伴分享你的职业价值观，并了解别人的价值观。

现在，如果不得不放弃这三项价值观中的一项，你会放弃哪一项？继续下去，直到留下最后一项，这一项是否是你无论如何也不愿放弃的？

放弃的价值观：_____

留下的价值观：_____

保留理由：_____

讨论：

（1）通过这个活动，你对自己的职业价值观有了哪些了解？

_____

_____

（2）价值观会对职业选择和人生产生什么样的影响？

_____

_____

（3）其他人的价值观会对你的生活造成什么影响？

在这个价值观探索活动中，有些人可能会发现对价值的取舍和排序是一个艰难的过程，有些人甚至做完这个活动仍然不清楚自己想要的到底是什么。这样的情况是正常的，因为大学生还处在建立和形成个人价值观的生涯探索期，有一些混乱是必然的。价值观的澄清也不是一劳永逸的，重要的是对自己的职业和生活进行不断的思考和探索，并在今后的生活中不断反思自己的价值观。

🔑 课堂延伸

树立正确职业价值观是我们迈向职业成功的重要前提和基础。那么如何树立正确的职业价值观呢？可扫描二维码自主学习。

树立正确的职业价值观

✈ 四、兴趣、能力、价值观与职业成功的关系

现在，我们已经初步了解了自己的兴趣、能力和价值观，从这三个角度中的任何一个入手，都可以帮助我们选择职业方向，而一份理想的职业能同时很好地满足我们的兴趣、能力和价值观。当一份职业是我们擅长的，但是不能满足我们的兴趣和价值观，我们还要选择这份职业吗？其实，兴趣、能力和价值观是相互促进的，只有三者动态配合才能让我们达到一种幸福的状态。图2-2是我国职业规划师古典提出的三叶草模型的简化图，很好地体现出兴趣、能力和价值观三者与完美职业的关系。当一个人对某件事产生兴趣，就愿意投入时间和精力学习，他的能力就会随之提高，从而获得精神或物质上的价值，产生意义感。这种意义感又会促使他乐于投入，享受做这件事的乐趣。兴趣、能力和价值观三者就如同我们职业生涯航船上的螺旋桨，通过相互促进推动航船行进。

举例来说，小王对平面设计职业充满兴趣，看到精美的海报、酷炫的广告图就满心欢喜，梦想着自己也能设计出令人赞叹的作品。虽然一开始他只掌握了一些基础的绘图软件操作，实际设计能力有限，也不太懂得如何把握设计的风格和理念。但在这份兴趣的驱使下，他开始主动学习平面设计相关的知识和技能。他在网上找各种设计教程，还参加了一些线上的设计课程。遇到难

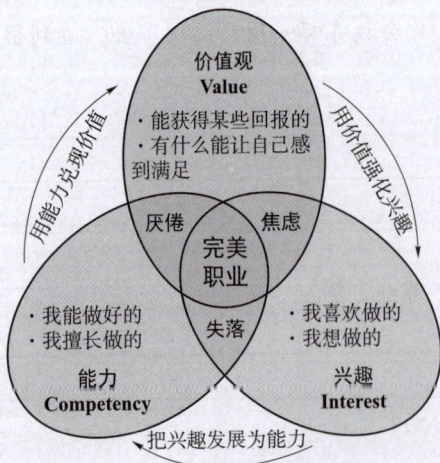

图2-2　职业生涯三叶草模型

题时，他积极向身边有经验的设计师请教，不断地尝试新的设计项目来锻炼自己。随着时间的推移，小王的设计能力逐渐提升，他的作品开始在一些小型的设计比赛中获奖，也得到了客户的认可，这让他获得了强烈的价值感。这种价值感又进一步强化了他对平面设计的兴趣，即使面对复杂困难的设计任务，他也能充满热情地去完成，享受在设计领域不断探索和成长的过程，在平面设计的道路上越走越远，感受到了从事平面设计工作带来的成就感和幸福感。

我们了解了兴趣、能力、价值观这三者之间的关系，就可以从动态的角度出发，认识自己、探索职业，为自己的职业发展注入更强的动力。

2.2 行业、职业、职位与岗位

任务设置

在我们生活的这个世界里，存在着各种各样的行业，比如互联网行业、医疗行业、教育行业等。每个行业都像是一个大舞台，上面的演员就像是从事着不同职业的人在表演。在每一种职业中，又有着不同的岗位。比如在一家互联网公司里，有程序员、设计师、运营人员等不同职业，而程序员这个职业中又有前端开发、后端开发等不同的职位和岗位。

现在，请同学们回想一下，你有没有在生活中接触过某个行业或某种职业呢？有没有哪种职位或岗位让你产生过好奇？请将你的所思所想记录在下方。

接触过的行业和职业：

_____

_____

感到好奇的职业和岗位：

_____

_____

任务学习

➤ 一、认识行业

（一）行业的定义

行业是指从事相同性质的经济活动的所有单位的集合，也可以理解为从事国民经济中同性质的生产、服务或其他经济社会活动的经营单位和个体的组织结构体系的详细划分。

一个行业会有很多同类型业务的企业，如互联网高科技行业、金融行业、地产行业、医疗行业、教育行业、制造行业、能源矿产行业、服务行业和咨询行业等。不同行业的业务经营模式、组织发展的核心部门、相关政策、市场竞争态势、经济发展趋势和人才招聘需求等都有所不同。所以，要多角度地收集行业信息。

（二）行业的分类

1. 我国行业的分类

我国的行业分类标准是《国民经济行业分类》（GB/T 4754—2017），其将行业分为 20 个大类。

2. 招聘网站对行业的分类

企业在招聘网站发布招聘信息时需要选择一个行业类别，求职者可以通过筛选获取相关的招聘信息。下面以某招聘网站为例，介绍招聘网站的行业分类方式：

行业分类

(1) 计算机/互联网/通信/电子；

(2) 会计/金融/银行/保险；

(3) 贸易/消费/制造/营运；

(4) 制药/医疗；

(5) 广告/媒体；

(6) 房地产/建筑；

(7) 专业服务/教育/培训；

(8) 服务业；

(9) 物流/运输；

(10) 能源/环保/化工；

(11) 政府/非营利组织/其他。

大学生进入职场前，要研读意向领域的行业研究报告，了解市场动态。

🔑 课堂延伸

思考以下四个关键问题，有助于快速了解一个行业。

1. 该行业的存在解决了哪些社会问题？

能解决社会问题的行业才有价值。

2. 该行业的市场定位是什么？

分析这个问题时，推荐运用 3C（Consumer，Company，Competitor）方法论分析客户、公司、同业竞争者三个维度的信息；运用 4P（Product，Price，Place，Promotion）理论分析产品、价格、渠道、促销；收集信息解决问题时，推荐运用 MECE（Mutually Exclusive, Collectively Exhaustive）法则，即相互独立、完全穷尽。

3. 该行业上下游的业务链是什么样的？

周边产业的稳定性会影响企业的发展。

4. 该行业有代表性的企业的雇主品牌文化是什么？

看行业的领军企业就可以识别出代表这个行业的雇主品牌文化，主要分析领军企业的愿景、使命、价值观、组织发展战略、员工生涯发展策略、综合薪酬福利和社会责任等。

✈ 二、认识职业

（一）职业的内涵

职业是人类社会发展到一定阶段的产物，是每个人社会生活的重要组成部分。职业是人的一种社会活动和生活方式，又是一种经济行为，是人们实现人生价值的重要途径。准确把握职业的概念，是正确制订个人职业生涯规划的前提条件。

职业既是人们为社会做贡献的方式、实现人生价值的舞台，也是人们谋生的手段。有稳定合法的收入，是职业这种特定的劳动区别于其他社会活动的主要特点。

（二）职业的要素

职业主要由以下几个要素构成：

（1）职业名称。它是职业的符号特征，一般用社会通用称谓来命名。

（2）职业主体。从事一定社会分工活动的劳动者，必须具备承担该职业活动所需要的资格与能力。

（3）职业客体。职业活动的工作对象、内容、劳动方式和场所等。

（三）职业的分类

职业分类，是指按照一定的规则、标准及方法，根据职业的性质和特点，把一般特征和本质特征相同或相似的社会职业，分成并统一归纳到一定类别系统中去的过程。在现代社会庞大的职业体系中，产业、行业与职业三者之间存在归属关系，其中，不同产业包含相应的各种行业，不同行业包含相应的各种职业。

《中华人民共和国职业分类大典》（2022 年版）将职业划分为 8 个大类、79 个中类、449 个小类和 1 636 个细类。8 个大类分别是：党的机关、国家机关、群众团体和社会组织、企事业单位负责人；专业技术人员；办事人员和有关人员；社会生产服务和生活服务人员；农、林、牧、渔业生产及辅助人员；生产制造及有关人员；军队人员；不便分类的其他从业人员。这种分类方式系统性地涵盖了社会各领域的职业，为职业管理和就业指导提供了清晰框架。

2024 年新增的 19 个新职业和 28 个新工种反映了社会发展的新趋势。例如，生成式人工智能系统应用员和智能网联汽车测试员等职业，体现了科技创新的推动力。同时，绿色职业的增加也符合国家可持续发展的战略目标。

🔑 **课堂延伸**

19 个新职业"入编"！"数""智"成新标签

✈ 三、了解职位与岗位

（一）职位和岗位的区别和联系

职位是指组织中承担相同或相似职责的一系列工作的集合，而岗位是指一个职位具体的工作任务和职责。以一家医院为例，医生是一种职业，内科医生、外科医生等是不同的职位，而具体的门诊医生、住院医生等是不同的岗位。

（二）了解职位和岗位的方法

1. 检索网络信息

毕业生通过招聘网站（如智联招聘、前程无忧等）、公司官网、行业报告平台等，查看目标职位的详细描述，包括工作职责、任职要求、薪资范围等信息。同时，在一些专业论坛（如程序员论坛、设计师论坛等）和社交媒体群组中，与身处相关职位的人士交流，了解他们的工作日常、职业发展路径和行业动态。

> **互动思考**
>
> 运用所学知识，找出与自己所学专业对口的职业或者相关职业。
>
> 对口职业 1：＿＿＿＿＿＿＿＿＿＿＿＿＿＿＿＿
>
> 对口职业 2：＿＿＿＿＿＿＿＿＿＿＿＿＿＿＿＿
>
> 对口职业 3：＿＿＿＿＿＿＿＿＿＿＿＿＿＿＿＿
>
> 相关职业 1：＿＿＿＿＿＿＿＿＿＿＿＿＿＿＿＿
>
> 相关职业 2：＿＿＿＿＿＿＿＿＿＿＿＿＿＿＿＿
>
> 相关职业 3：＿＿＿＿＿＿＿＿＿＿＿＿＿＿＿＿

2. 实地调研企业

关注目标企业的开放日、校园宣讲会等活动，直接与企业的招聘人员、在职员工沟通，获取一手的职位和岗位信息。有条件的话，可以申请到目标企业进行实习或参观，体验工作环境和业务流程，深入了解职位的实际工作内容和团队文化。

3. 采访业内人士

寻找在目标职位上工作的人士，如校友、朋友、亲戚等，对其进行访谈。可以通过面对面、电话或视频的方式，向他们请教职位的具体工作内容、技能要求、发展前景，以及应对挑战的经验。

4. 参加职业培训和认证

参加一些职业培训课程和认证项目，如注册会计师（CPA）、项目管理专业人士（PMP）等，不仅能提升专业能力，还能更深入地了解相关职位的工作标准和要求。

5. 参加职业体验活动

参加职业体验日、工作坊等活动，体验不同职位的工作内容。例如，参加广告公司的创意工作坊，了解广告策划和设计的流程。

6. 分析岗位说明书

收集目标职位的岗位说明书，详细分析其中的工作职责、任务、权力和责任，以及与其他职位的关系。通过对比不同企业的岗位说明书，了解行业内该职位的普遍要求和差异。

◆◆◆ 活动探索

"职"达未来探索会

4~5 人组成一个"职业资料专家小组"，每组选定一人为组长，一人负责记录，其他人为参谋。每组选定一个与所学专业相关的具体职业或行业，并收集相关资料。

每组选一人进行 5 分钟左右的职业资料发布演示（最好用 PPT 等多媒体手段），内容包括所选职业的工作内容、对应聘人员的要求等。

演示完毕，全体组员到讲台上接受其他学生的咨询，时间为 5 分钟左右。

其他各组学生就演示小组准备的职业资料、演示效果和答询情况进行打分。

讨论：

（1）如何才能收集到正确、完整的职业资料？收集职业信息的渠道有哪些？

（2）各组介绍的职业中，哪种或者哪些吸引你？理由是什么？

2.3 职业发展趋势与新兴职业介绍

任务设置

2025 年 1 月，世界经济论坛发布了《2025 年未来就业报告》（以下简称《报告》）。《报告》指出，到 2030 年，全球 22% 的就业机会将面临变革，9 200 万个岗位被替代的同时，新增 1.7 亿个岗位，净增 7 800 万个就业机会。人工智能将替代从事重复性劳动（如制造业流水线工人、初级程序员）和基础知识型工作（如法律文书处理、客服）的岗位，但也催生了人工智能训练师、智能系统训练师等新兴职业。

讨论：随着 AI 时代的到来，未来有哪些职业可能消失？哪些新的职业又会诞生？

任务学习

➤ 一、职业发展的趋势

选择职业不仅是对未来职业路径的定向，也是对个人发展轨迹的规划。为了做出明智的职业选择，了解职业发展的当前趋势和未来走向至关重要。目前职业的发展呈现出以下趋势。

1. 打破传统模式，人才选拔趋向智能化

科学技术的快速发展正在深刻地改变各行各业的运作方式，其中人才选拔模式的变革尤为显著。智能化技术的不断进步，特别是人工智能、大数据分析和机器学习等技术的应用，正在深刻改变人才选拔的方式。传统的人才选拔模式依赖于简历筛选、面试等人工操作，而未来的人才选拔将越来越多地依赖于智能化系统。这些系统能够通过算法分析候选人的技能、经验和潜力，从而更精准地匹配职位需求和人才特点。智能化人才选拔不仅能提高招聘效率，还有助于减少人为偏见，实现更加公平的人才评价。

2. 职业时空概念转变，岗位转移日益频繁

传统职业面临的时间和空间变化相对较小，就业者无须担忧用人单位对人才需求的不断变化和提升。然而，随着新兴职业的快速发展，同一职业对就业者的知识储备和专业技能要求不断提高，任职标准和评价体系也在不断更新，导致职业的概念不断演变。随着体力劳动向智能化和脑力化转变，以及工作向专业化和职业化发展，就业者需要掌握更广泛的知识和技能，并不断更新自身能力，以适应不断变化的工作环境和市场需求。因此，终身学习、持续提升自我和适应变化的能力变得尤为重要。只有通过持续学习，就业者才能在竞争激烈的就业市场中保持竞争力。

3. 新兴产业不断兴起，人才需求不断扩大

随着信息革命的推进和社会的持续进步，第三产业在国民经济中的比重持续提升。交通运输、邮电通信、金融保险、卫生体育、教育文化、商业服务业等都属于第三产业的范畴。随着第三产业内部行业门类的不断扩展和细化，相应的工作和岗位也在不断增加。科技的发展不仅提升了劳动力和生产力，而且在很大程度上解放了人力资源，使得社会对服务行业的人才需求不断扩大。第三产业的发展不仅丰富了行业门类，而且创造了大量就业岗位，已成为吸纳社会劳动力和生产力的主要领域。

4. 人才类型多样化，比例结构差异化

我国主要的四种人才类型包括研究型、应用型、技术型和技能型。我国的本科院校已经培养出大量研究型和应用型人才。研究型人才作为发展和变化最为显著的一类，在社会劳动力需求和就业结构中所占比重持续上升。一方面，随着我国经济结构的调整，以往的粗放型增长方式已不再适用，经济的高质量发展需要研究型人才的支撑；另一方面，我国在众多科技领域已处于世界领先水平，未来的持续发展需要依靠研究型人才在理论与技术创新上的贡献。同时，应用型人才在职业发展中面临的时间和空间变化也日益突出。

5. 复合型人才需求增加，职业岗位复杂化

当前的就业市场表明，职业和具体岗位对人才素质的要求正逐步从单一性向多元化和复杂化转变。以往仅需单一技能便可胜任的工作，如今其内容和职责范围不断扩大，对人才的要求也不再局限于某一专业领域。市场对于跨专业、具备复合型知识结构和扎实专业技术的人才的需求日益增长。这类人才不仅具备深厚的专业知识背景，还有较强的技术能力和创新思维，能够在多变的工作环境中灵活应对各种挑战。

二、新兴职业介绍

1. 人工智能训练师

随着人工智能技术的飞速发展，有海量数据需要专业人员进行处理和标注，以提升人工智能的"智能"水平。这个职业对专业技能要求高，人才稀缺，薪资待遇水涨船高，发展潜力巨大。

2. 电子竞技运营师

电子竞技产业蓬勃兴起，从赛事组织到战队运营，都离不开专业运营师。他们协调各方资源，打造精彩赛事，推动电竞行业持续火爆，未来发展空间广阔。

3. 健康管理师

人们的健康意识逐渐增强，对健康管理的需求日益增长。健康管理师为个人和群体提供全方位健康管理方案，涵盖饮食、运动、心理等多方面，市场前景十分光明。

4. 安全运维工程师

在数字化时代，数据是企业和个人的重要资产。安全运维工程师负责保护数据安全，抵

御各类网络威胁，保障信息系统稳定运行，在信息安全领域的地位举足轻重。

5. 新能源汽车研发工程师

环保理念深入人心，新能源汽车产业迎来爆发式增长。研发工程师专注于电池技术、自动驾驶等核心领域，推动新能源汽车不断革新，职业前景一片大好。

6. 跨境电商运营专员

国际贸易数字化趋势下，跨境电商发展迅猛。运营专员熟悉国际市场规则，精通跨境电商平台操作，帮助企业拓展海外业务，发展机遇源源不断。

7. 虚拟现实/增强现实开发工程师

虚拟现实和增强现实技术在娱乐、教育、工业等多领域得到广泛应用。开发工程师凭借创意和技术，打造沉浸式体验产品，在新兴技术领域大显身手。

8. 宠物行为训练师

养宠家庭越来越多，对宠物的精细化养育需求增加。宠物行为训练师通过专业方法纠正宠物不良行为，提升养宠家庭的生活质量，市场需求持续上升。

课堂延伸

最有前景的五大行业领域

1. 人工智能与机器人

应用场景：工业机器人（焊接、装配）、智能客服、医疗手术机器人、人工智能芯片与算法开发。

全球人工智能市场规模预计于 2025 年突破 5 000 亿美元，人工智能技术在金融、医疗、制造等领域的应用进一步深化。我国《新一代人工智能发展规划》以到 2025 年人工智能核心产业规模超 4 000 亿元为战略目标，算法工程师、人工智能产品经理等岗位需求激增。

2. 低空经济

应用场景：无人机物流（如生鲜配送）、农林植保、应急救援。

低空经济的发展主要依托于通用航空产业，并且得到了政策方面的大力支持。例如，简化审批流程、加大基础设施建设投入等。2025 年，全球低空经济的市场规模将高达数千亿美元。

3. 银发经济（老年消费市场）

应用场景：智慧养老设备（如健康监测手环）、康复医疗、老年文旅（慢节奏旅游项目）、适老化产品设计。

目前，我国已逐渐步入老龄化社会，老年用品和服务的市场需求不断扩大，养老、医疗保健、旅游等领域的老年用品和服务亟待开发。

4. 绿色能源与碳中和

应用场景：光伏/风电装机，氢能重卡，碳捕集、利用封存技术（CCUS），储能电站。

我国"双碳"目标催生万亿市场，欧盟氢能战略加速落地，全球可再生能源投资 2025 年将达 1.7 万亿美元。

5. 智能制造与工业 4.0

应用场景：数字孪生、协作机器人、5G+工业互联网。

我国"十四五"规划明确提出要推动制造业优化升级，推动高端数控机床等产业创新发展。我国制造业自动化率计划从 2023 年的 30% 提升至 2025 年的 45%，工业机器人、物联网和智能工厂解决方案需求激增。

思考：你还知道哪些行业领域将成为新的风口？请与同学共同探讨，并完成表2-1。

表2-1　最具前景行业讨论

最具前景行业	应用场景	职业机会

◆◆◆ **活动探索**

预期职业探索

1. 任务内容

探讨你所学的专业将来能够与什么样的职业对口。

2. 实践步骤

（1）4~6人为一组，讨论所学专业对口的职业，并将这些职业按照行业分类填入表2-2中，建立职业库。

表2-2　专业对口职业库

职业名称	所属行业	核心工作内容

（2）每人从中挑选三种感兴趣的职业并按优势从高到低排序，并说明理由。

（3）各小组选派代表分享讨论结果。

（4）教师引导学生探讨所学专业与将来从事职业之间的关系，以及如何处理好专业技能学习、专业能力培养与职业生涯发展的关系。

（5）探讨一些职业的具体内容，如发展前景、未来是否会被人工智能替代等。

体验式教学：职业兴趣测试与分享

职业兴趣测试

这份测试题旨在帮助你探索自己的职业兴趣，答案没有对错之分，请根据你内心的真实想法和感受来回答，完成表2-3。

表2-3 职业兴趣测试

序号	A	B	选择
1	写出一本书的梗概	出席讨论会	A□ B□
2	分析决算书	构思新游戏	A□ B□
3	解难题	假日做木工活	A□ B□
4	操作计算机	研究害虫与杂草	A□ B□
5	研究改良水稻品种	研究人体结构	A□ B□
6	研究骨骼标本	绘制卡路里表	A□ B□
7	选择窗帘布料	担任旅行干事	A□ B□
8	跳集体舞	烧制陶器	A□ B□
9	在日记本上画画	慢跑	A□ B□
10	制作盲文书	与坏人搏斗	A□ B□
11	熨东西	构思广告版面	A□ B□
12	研究感冒药成分	记录比赛得分	A□ B□
13	培育树苗	烤面包	A□ B□
14	安装组合音响	帮助别人拍X射线照片	A□ B□
15	在实验室工作	当动物饲养员	A□ B□
16	声援他人选举	编写计算机程序	A□ B□
17	欣赏电影	观测天体	A□ B□
18	制作图书卡片	参观工厂	A□ B□
19	在卡拉OK唱歌	进行水质检查	A□ B□
20	采集昆虫标本	学习人工呼吸	A□ B□
21	调试暖气设备	整理书架与影集	A□ B□
22	搭乘邮轮	走访贫困家庭	A□ B□
23	检查血型	画漫画	A□ B□
24	改建房屋	参加越野长跑比赛	A□ B□
25	解剖动物	去闹市区游玩	A□ B□
26	在牧场工作	在乐器店工作	A□ B□
27	用圆规与直尺制图	制作同学会名册	A□ B□
28	做统计表	制作生活日历	A□ B□
29	思考新产品如何推销	看手术过程的幻灯片	A□ B□
30	归纳采访笔记	训练猎犬与信鸽	A□ B□
31	通读文学全集	帮助配药	A□ B□
32	研究股票市场	拜访亲戚	A□ B□
33	研究公害	读书给病人听	A□ B□
34	考驾驶执照	参加合唱队	A□ B□
35	设计庭院	练健美操	A□ B□
36	拆装相机或钟表等	出席冗长的会议	A□ B□
37	参观科学博物馆	听歌曲、演唱会等	A□ B□
38	当电话接线员	当个人生活顾问	A□ B□
39	记日记	哄孩子	A□ B□

续表

序号	A	B	选择
40	解字谜	教孩子唱歌跳舞	A□ B□
41	参加演出	构思设计与装潢	A□ B□
42	绘气象图	做体力测定	A□ B□
43	填写税金申报表	帮助别人搬家	A□ B□
44	编辑剪报	装饰橱窗	A□ B□
45	编辑杂志	当滑雪教练	A□ B□

1. 计分方法

在表 2-4 中勾选答案，每一处勾选计 2 分。

表 2-4　职业兴趣测试得分表

序号	①	②	③	④	⑤	⑥	⑦	⑧	⑨	⑩	序号	①	②	③	④	⑤	⑥	⑦	⑧	⑨	⑩
1	A	B									24							A			B
2		A	B								25						A				B
3			A	B							26					A			B		
4				A	B						27				A				B		
5					A	B					28			A					B		
6						A	B				29		A				B				
7							A	B			30	A					B				
8								A	B		31	A					B				
9									A	B	32		A				B				
10								A	B		33			A					B		
11							A	B			34				A					B	
12						A	B				35					A					B
13					A	B					36				A						B
14				A	B						37			A						B	
15			A	B							38		A						B		
16		A	B								39	A						B			
17	A	B									40	A						B			
18	A	B									41		A						B		
19		A	B								42			A							B
20			A	B							43		A								B
21				A	B						44	A								B	
22					A	B					45	A								B	
23						A	B														
合计											合计										

2. 结果说明

①~⑩各列的得分在 13 分以上的，为特别感兴趣的领域；10~13 分之间为比较感兴趣的领域；6~9 分为兴趣一般的领域；6 分以下为不感兴趣的领域。

① 人文科学：文学、宗教、史学、哲学、心理学、人际关系、教育行政等。

② 社会科学：法学、政治学、经济学、商学、经营学、社会学等。

③ 理学：数学、物理学、化学、地质学、生理学、天文学、生物化学等。

④ 工科：机械、建筑、土木工程、应用化学、金属工程、航空工程、信息工程、环境工程、控制工程、通信工程等。

⑤ 农科：农学、园艺学、家用化学、农业经济学、林学、畜牧学等。

⑥ 医科：医学、口腔学、药学、药剂学、生物医学、保健学等。

⑦ 家务：家政学、家务学、食品学、儿童学、生活学等。

⑧ 教育：大中小学各级师范、保健师范、特殊师范（音乐、美术、书法、护理、保健）等。

⑨ 艺术：美术、造型、设计、雕刻、音乐、作曲、声乐、指挥、摄影、电影、表演等。

⑩ 体育：运动训练、武术、健康等。

第3章　职业目标与路径规划

【知识目标】

1. 理解 SMART 原则（明确性、可衡量性、可达成性、相关性、时限性），并能运用该原则设定合理的职业目标，知晓目标设定对职业发展的重要性；

2. 了解职业生涯目标的分类，掌握短期、中期、长期职业目标的设定方法，以及它们之间的递进关系；

3. 熟悉职业生涯路线选择的要素（想、能、行）和方向（专业技术型、行政管理型、自我创业型），明确不同路线对能力素质的要求。

【技能目标】

1. 能够根据自身专业，运用 SMART 原则梳理并设定清晰、具体、可实现的职业目标，包括短期、中期和长期目标；

2. 学会分析自身优势和不足，结合组织环境和职业要求，选择适合自己的职业生涯路线，并能根据实际情况调整职业目标和路线。

【素质目标】

1. 树立正确的职业规划意识，认识到职业目标设定和职业生涯路线选择对职业发展的重要性，培养积极主动的职业规划态度；

2. 提升问题解决能力，能够应对职业规划过程中遇到的各种问题，如目标不明确、路线选择困难等，不断调整和优化自己的职业规划方案。

3.1　SMART 原则在职业目标设定中的应用

任务设置

同学们，在我们追求职业成功的道路上，设定清晰合理的目标至关重要。想象一下，我们即将毕业，前往一个陌生的职业领域。如果没有明确的目标，就如同在大海上航行却没有指南针，很容易迷失方向。

接下来，给大家分享一个故事。有一位探险家在撒哈拉沙漠中发现了一个小村庄，令他感到奇怪的是，在此之前从没有任何人说起过这个地方，而这里的村民也对沙漠之外的世界一无所知。他问村民为什么不走出沙漠看一看，村民的回答是：走不出去！原来，自从他们的祖先定居此地之后，每隔几年就会有人试图走出沙漠，但不管朝哪一个方向行进，结果都一样：绕一个大圈子之后又回到了村子里，没有一次例外。之后，探险家通过尝试找到了方法。这个办法很简单——白天睡觉晚上走，对着北方天空中最亮的那颗星星走，绝对不能改变方向。果然，不过用了三个夜晚就走出了沙漠。原来，村民们之所以走不出沙漠，是因为他们根本就不认识北斗星，不懂得朝着一个目标前进。

（1）分小组讨论上述案例，分析职业生涯目标设立的重要性。

（2）查阅电子、纸质书刊等，分析本专业的就业方向和发展前景。

（3）思考自己的职业理想和目标。

任务学习

职业生涯目标对大学生的职业发展起着重要作用，在确定职业生涯目标时，应遵循科学的原则，以提高目标的有效性。

常见的目标确定原则为 SMART，即明确性（Specific）、可衡量性（Measurable）、可达成性（Attainable）、相关性（Realistic）和时限性（Time-based）。

一、明确性

明确性指目标应清晰而具体，要能明确描述每一项工作职责的行动要求，不能含糊。例如，小李本学期的目标是"提高学习成绩"，这种描述就非常不明确，因为提高学习成绩的方法有很多，包括上课认真听讲、定期到图书馆查看参考资料、做测试题等，"提高学习成绩"的表述没有明确用哪些行动来实现目标，所以该目标可以修改为"一周看完56页参考资料，每天看8页"。

二、可衡量性

可衡量性指目标需要有明确的数据，以此作为衡量实现程度的依据。如果没有衡量依据，个体就无法判断目标的实现情况。例如，目标是"增强沟通能力"，而"增强"既不明确也不容易衡量。此目标的制订者需要准确说明在什么时间内完成沟通能力的增强，并以百分制的形式对增强后的结果进行测试。

三、可达成性

可达成性指确定的目标不能超出个体的能力范围，必须是可达成的。同时，目标又不能太容易达成，应具备一定的挑战性，需要个体花费一定的时间和精力。例如，"一个小时内记住30个英文单词"这个目标对于一名大学生而言，既是可达成的，又具有一定的挑战性。

四、相关性

目标的相关性指实现一个目标与实现其他目标的关联情况。如果实现该目标与实现其他的目标完全不相关，或者相关度很低，那即便实现了此目标，意义也不是很大。例如，一名大学生在通过全国大学英语四级考试后才能申请某岗位，那么，对于该学生来说，通过全国大学英语四级考试这一目标就与申请岗位这一目标直接相关。

五、时限性

时限性指目标的达成是有时间限制的，这样才能提高行动效率。例如，"我将在2026年

12月1日之前阅读232本书"这个目标，其中"2026年12月1日"这个日期就是一个确切的时间限制。没有时间限制的目标容易被一拖再拖，甚至不了了之。

◆◆◆ 活动探索

梳理职业目标

你的专业：_____

你的短期目标：_____

完成短期目标后，你可能晋升的岗位：_____

五年后的职业目标：_____

根据 SMART 原则，重新审视并详细描述自己设定的目标，包括目标的具体内容、如何衡量目标是否达成、目标是否可实现、与自身的相关性，以及实现目标的时间期限。

小组讨论：分小组，每个成员分享自己设定的目标，其他成员根据 SMART 原则进行分析和讨论，提出意见和建议，帮助成员完善目标。

目标调整：根据小组讨论的结果，对自己的职业目标进行调整和完善。

成果展示：每个小组推选一名代表，向全班同学展示小组内具有代表性的职业目标，并说明运用 SMART 原则设定目标的过程和理由，其他同学可以提问和交流。

3.2 短期与长期职业目标规划

任务设置

同学们，开启一场充满未知与挑战的职业之旅，就如同踏上一段漫长的旅途。在这段旅途中，如果我们没有清晰的目标，就很容易迷失方向。就像在航海中，没有航标指引，船只就可能偏离航线。而短期、中期和长期职业目标就像是一个个航标，为我们的职业发展指引方向。

想象一下，有的同学想成为一名优秀的室内设计师，在短期内要掌握基本的设计软件操作，到中期要积累一定的项目经验，长期来看要成为行业内有影响力的设计师。那么，如何合理制订这些不同阶段的目标呢？请根据自己所学专业，简单规划自己的短期、中期和长期目标，完成表3-1。

表3-1 职业目标规划

规划年限：		起止时间：	
职业生涯阶段目标			
短期目标		中期目标	长期目标
时间：		时间：	时间：
规划		规划	规划

任务学习

确定自己要追求的职业生涯目标后，往往会因为目标过于遥远而觉得无从下手。此时，就需要将其分解为若干呈递进关系的小目标，为每个小目标设置相应的完成时间，并写出具体实施方案与评估标准。距现在时间越近的小目标，其实施方案和评估标准就需要越详细。因为时间距离现在越近，我们就越清楚自己需要做什么，很少会对具体目标进行改动。图3-1所示为按时间段划分的职业生涯目标。

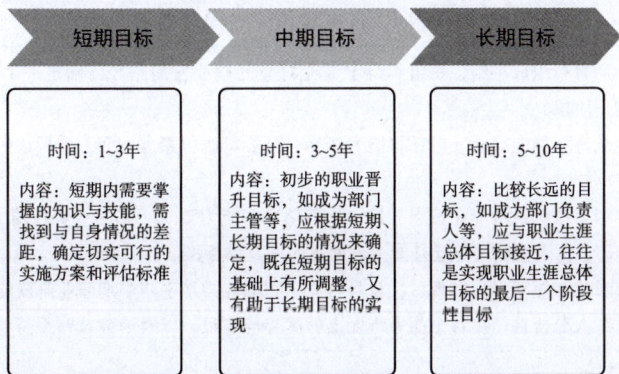

短期目标　　中期目标　　长期目标

时间：1~3年	时间：3~5年	时间：5~10年
内容：短期内需要掌握的知识与技能，需找到与自身情况的差距，确定切实可行的实施方案和评估标准	内容：初步的职业晋升目标，如成为部门主管等，应根据短期、长期目标的情况来确定，既在短期目标的基础上有所调整，又有助于长期目标的实现	内容：比较长远的目标，如成为部门负责人等，应与职业生涯总体目标接近，往往是实现职业生涯总体目标的最后一个阶段性目标

图 3-1　按时间段划分的职业生涯目标

当然，这些时间段的设定不是唯一和固定的，可以根据自身的需要进行调整，或者进一步列出每月、每周需要达成的目标。

一、确定职业生涯发展短期目标

确立职业生涯发展的短期目标是非常重要的。只有明确自己的短期目标，才能为中期目标、长期目标的实现打下坚实的基础。我们要勤于观察，发现身边优秀的同学，挖掘他们身上的优秀品质，并把这些优秀品质综合起来，确立符合自己实际的短期目标（表3-2）。

表 3-2　确定职业生涯发展短期目标

操作步骤	1. 每位同学按照本校三好学生或自己心目中优秀学生的标准，分析身边同学的优秀品质，写出他们身上的优点或积极、健康、向上的行为表现。 2. 把总结的内容与同桌进行比较，互相补充。 3. 采用"头脑风暴法"，全班交流，请一位同学把大家的意见写在黑板或者多媒体课件上。 4. 3分钟个人反思
个人反思	1. 自己需要学习这些同学身上的哪些优点？ 2. 这些优点对于构建自己短期目标的启示是什么？ 3. 写下自己的短期目标。

二、分析职业生涯发展中期目标

中期目标是连接短期目标与长期目标的桥梁，它在整个职业生涯规划中起着承上启下的关键作用。通过明确中期目标，能让我们在实现短期目标后，清楚下一步的努力方向，逐步向长期目标靠近。开展"中期职业发展阶段能力提升要求"分析活动，能帮助我们结合已有的短期目标实现情况，明确在中期阶段需要具备的能力，以及自身存在的差距，从而有针对性地提升自己。"中期职业发展阶段能力提升要求"分析如表3-3所示。

表3-3 "中期职业发展阶段能力提升要求"分析

操作步骤	1. 同学们自行组成小组，每组围绕本专业对应的职业发展路径，确定一个中期职业阶段（如工作3~5年这一阶段）。 2. 每组从专业技能深化、可迁移能力拓展、行业资源积累等方面，分析该中期职业阶段对从业者的能力要求。 3. 全体组员结合自身专业特点，进一步细化这些能力要求，如在专业技能方面需要达到何种水平，在团队协作、沟通协调等可迁移能力方面有哪些具体标准。 4. 全组对比在短期目标实现后，自身可能达到的能力水平与中期职业阶段能力要求之间的差距。 5. 组员个人分析自己在各个能力维度上的优势与不足，以及为弥补差距需要采取的具体措施
中期职业阶段能力要求	职业阶段： 1. 专业技能深化： 2. 可迁移能力拓展： 3. 行业资源积累：
我的能力及差距	1. 专业技能方面： 2. 可迁移能力方面： 3. 行业资源方面：

三、分析职业生涯发展长期目标

长期目标是个人职业生涯发展的前进方向。长期目标不是虚无缥缈的，而是我们将来职业生涯发展中有可能担任的某一个具体岗位。进行"未来工作岗位从业人员素质要求"分析活动，可以很好地把"现在的我"和"将来的我"结合起来，明确自己的优势和不足，从而通过努力，实现职业生涯发展的长远目标（表 3-4）。

表 3-4 "未来工作岗位从业人员素质要求"分析

操作步骤	1. 全班同学分成若干小组，每组选择一个和所学专业相对应的具体工作岗位，尽可能覆盖更多的职业群。 2. 全体组员从思想道德素质、文化素质、业务素质、身体心理素质等维度，系统分析该岗位从业者的素质要求。 3. 分析自己和该岗位从业者的素质差距			
素质分析	岗位要求			
	思想道德素质	文化素质	业务素质	身体心理素质
	我的现状及差距			
	思想道德素质	文化素质	业务素质	身体心理素质

四、确立职业目标的方法

目标分解是将目标清晰化、具体化的过程，是将目标量化成可操作的实施方案的有效手段。职业目标分解就是从观念、知识、能力等方面，将职业生涯的总体目标分解为长、中、短期目标，乃至某个具体日期可以采取的具体步骤。

具体分解方法如表 3-5 所示。

表 3-5 按时间分解职业生涯目标

目标	内容
总体目标	1. 你想成为什么样的人？ 2. 你想做成哪一件或哪几件大事？ 3. 你想成为哪一领域的佼佼者？ 4. 你想发挥自己哪些方面的优势和特长
十年计划	1. 十年后你想成为什么样的人？ 2. 事业上有什么成就？ 3. 收入达到多少？ 4. 你的家庭情况及健康水平如何？ 5. 你的生活状态和社会地位怎样
五年计划	将十年计划进一步分解
三年计划	在五年计划的基础上更具体，制订自己的行动准则
明年计划	制订实现明年计划的步骤、方法和时间表，并确保这些是切实可行的
下月计划	包括下个月计划做的工作、应完成的任务、质和量方面的要求、财务上的收支、学习计划、结识新朋友的计划；等等
下周计划	每周末提前制订好下周的行动计划，把下个月的计划分解到每一周
明日计划	明天要做哪几件事？分清轻重缓急，确定执行的顺序和对应的时间

◆◆◆ **活动探索**

确定短期、中期、长期职业生涯目标

将情景导入部分规划的短期、中期和长期目标进一步细化。

1. 短期职业生涯目标（1~2 年后）

年龄阶段：＿＿＿＿＿＿＿＿＿＿＿＿＿＿＿＿＿＿＿＿＿＿＿＿

主要工作内容：＿＿＿＿＿＿＿＿＿＿＿＿＿＿＿＿＿＿＿＿＿＿

吸引我的特点：＿＿＿＿＿＿＿＿＿＿＿＿＿＿＿＿＿＿＿＿＿＿

我在个性上可以尝试的改变：＿＿＿＿＿＿＿＿＿＿＿＿＿＿＿＿

我可以培养的职业兴趣：＿＿＿＿＿＿＿＿＿＿＿＿＿＿＿＿＿＿

我尚需培养的能力：＿＿＿＿＿＿＿＿＿＿＿＿＿＿＿＿＿＿＿＿

我必须具备的其他条件：＿＿＿＿＿＿＿＿＿＿＿＿＿＿＿＿＿＿

我的短期行动计划（含教育进修或培训）：＿＿＿＿＿＿＿＿＿＿

2. 中期职业生涯目标（3~5 年后）

年龄阶段：＿＿＿＿＿＿＿＿＿＿＿＿＿＿＿＿＿＿＿＿＿＿＿＿

主要工作内容：＿＿＿＿＿＿＿＿＿＿＿＿＿＿＿＿＿＿＿＿＿＿

吸引我的特点：＿＿＿＿＿＿＿＿＿＿＿＿＿＿＿＿＿＿＿＿＿＿

我在个性上可以尝试的改变：＿＿＿＿＿＿＿＿＿＿＿＿＿＿＿＿

我可以培养的职业兴趣：＿＿＿＿＿＿＿＿＿＿＿＿＿＿＿＿＿＿

我尚需培养的能力：＿＿＿＿＿＿＿＿＿＿＿＿＿＿＿＿＿＿＿＿

我必须具备的其他条件：＿＿＿＿＿＿＿＿＿＿＿＿＿＿＿＿＿＿

我的中期行动计划（含教育进修或培训）：＿＿＿＿＿＿＿＿＿＿

3. 长期职业生涯目标（6~10 年后）

年龄阶段：＿＿＿＿＿＿＿＿＿＿＿＿＿＿＿＿＿＿＿＿＿＿＿＿

主要工作内容：＿＿＿＿＿＿＿＿＿＿＿＿＿＿＿＿＿＿＿＿＿＿

吸引我的特点：＿＿＿＿＿＿＿＿＿＿＿＿＿＿＿＿＿＿＿＿＿＿

我在个性上可以尝试的改变：＿＿＿＿＿＿＿＿＿＿＿＿＿＿＿＿

我可以培养的职业兴趣：＿＿＿＿＿＿＿＿＿＿＿＿＿＿＿＿＿＿

我尚需培养的能力：＿＿＿＿＿＿＿＿＿＿＿＿＿＿＿＿＿＿＿＿

我必须具备的其他条件：＿＿＿＿＿＿＿＿＿＿＿＿＿＿＿＿＿＿

我的长期行动计划（含教育进修或培训）：＿＿＿＿＿＿＿＿＿＿

3.3 职业路径图绘制与备选方案制订

任务设置

同学们，不知道大家有没有玩过拼图游戏呢？在拼图的过程中，我们需要按照一定的步骤，把一块块碎片准确地拼接起来，最终形成一幅完整的图案。其实，我们的职业生涯也像是一幅拼图，每个阶段的目标和行动就如同拼图的碎片，需要合理地组合在一起，才能构建出理想的职业蓝图。

回想一下，当我们出门旅行时，通常会提前规划好路线，甚至准备好备用路线，以应对可能出现的突发情况。职业生涯同样如此，我们不仅要绘制出清晰的职业路径图，还要制订备选方案。

在学习本课之前，请同学们依次完成以下任务：

（1）写出近期要完成的五件重要事情，可以是学习、交友、旅游、练字、买衣服、读完一本书或参加某方面活动等。

（2）假如现在有特殊情况，必须在这五件事中放弃两件事，你会放弃哪两件事呢？放弃之后，你的心情如何？

（3）现在又有特殊情况发生，必须再放弃一件事，你又会放弃哪一件呢？你的心情又会如何呢？如果还要再放弃一件事，你会做出怎样的决定呢？

（4）现在只剩下最后一件事了，这就是近期你最想做的、对你来说最重要的事，是你当前的奋斗目标。

（5）和大家谈一谈你当前的奋斗目标是什么。

（6）静坐在座位上，思考三个问题：

① 我是不是想要实现这个目标？

② 我将怎样去实现这个目标？

③ 在实现这个目标的过程中，我将采用哪些策略或方法？

任务学习

➤ 一、职业生涯路线

职业生涯路线为我们指明在确定职业生涯目标后，应该从哪些方向实现这些目标，包括由低级向高级步步上升的职业发展阶梯，使我们可以逐步迈向已设定的职业目标。选择和规划自己的职业生涯路线，可以推动职业生涯目标的实现。

（一）职业生涯路线选择的要素

在职业生涯路线选择的过程中，可以询问自己下面三个问题：我想向哪一条路线发展？我可以向哪一条路线发展？我适合向哪一条路线发展？这三个问题也就是职业生涯路线选择的三要素，我们可以将其归纳为"想""能""行"。

（1）"想"，是个人希望向哪一条路线发展，主要是通过对职业价值观、职业兴趣、成就动机的自我探索，真正找到符合自己期望的职业生涯发展目标。

（2）"能"，是个人能够向哪一条路线发展，主要是通过对个性特质、技能因素、社会经验的自我探索，找到自己能发挥最大潜能的职业生涯发展路线。

（3）"行"，是个人适合向哪一条路线发展，主要是通过分析社会的政治经济环境因素、组织环境因素，找到自己的机会所在，最大可能地趋利避害，最终选择适合自己的职业生涯路线。

（二）职业生涯路线选择的方向

不同的职业生涯路线有着不同的职业发展前景，对能力素质的要求也是不同的，没有绝对的好与坏，只有是否适合的问题。有的人适合搞科学研究，能够在研究领域取得突破；有的人适合做领导工作，可以成为一名优秀的管理人员；有的人适合创业，可以成为一名优秀的企业家。

1. 专业技术型

专业技术型是指工程、财会、生产、法律、教育、医疗等职能性专业，其共同特点是：要求有一定的专门技术性知识与能力，并需要有较好的理论研究和分析判断能力，这些能力必须经过长期的培训与实践才能具备。如果你对专业技术内容及活动感兴趣，并追求这方面的提高和成就，喜欢独立思考，并且不喜欢从事管理活动，那么专业技术型发展道路就是你最好的选择。相应的发展阶梯是技术职称的晋升、技术性成就的获得，以及奖励等级的提高和物质待遇的改善。如果你在开始时选择了专业技术方向，但对管理也有兴趣，并且希望在管理领域做出一番事业，那么也完全可以追求跨越式发展。也就是说，一开始从事某种技术性专业，不断积累充实自己的专业知识，打下坚实的技术基础，然后在适当的时候，转向专业技术部门的管理职位。

2. 行政管理型

如果你很喜欢与人打交道，处理人际关系问题总是感到得心应手，由衷地热爱管理，善于从宏观角度比较理智地考虑问题，并善于影响他人，追求权力，那么行政管理型发展道路就是最恰当的选择。将管理职业视为自己的目标，相应的发展阶梯一般是从基层职能部门开始，然后向中级职能部门、高级职能部门逐步晋升，前提条件是你的才能与业绩不断地积累提高，达到了相应层次职位的要求。随着职位的上升，管理的权限会越来越大，承担的相应责任也会越来越大。行政管理型发展路线对个人素质、人际关系技巧的要求很高。既有思维能力又善于处理人际关系的人，能够成为任职部门的主管干部，甚至做到总经理、总裁、院长、厂长等高层职位；虽然善于处理人际关系，但思维能力欠缺，或心理承受力较差的人，则只能停留在低层领导岗位上。

3. 自主创业型

随着我国现代化社会的高速发展，越来越多的大学生开始选择自主创业的道路。创业自有快乐，但创业途中的艰难也不是常人能够想象的。客观条件方面，要有良好的机会和适宜的"土壤"。主观条件方面，创业人不仅要有强烈的创造与成就愿望，而且心理素质要好，要能够承受巨大的心理压力，具有承担风险的能力，还要有创新思维，善于开拓新领域、开发新产品。并且，要想成功创业，必须先到社会组织中接受锤炼，学习如何做企业，然后再自己创业。

综上所述，不管选择哪种职业生涯路线，最重要的是一定要结合实际，综合考虑个性、价值观、兴趣、能力等自身条件和社会组织环境，反复权衡后再确定。

（三）职业生涯路线选择的注意事项

在确定了自己的职业目标和职业生涯路线之后，可能会存在两种错误的认识：一是认为未来发展是不确定的，目标与路线是无意义的，因此投入精力不够，执行则更为不力；二是固守自己最初确立的目标和选择的路线，而不考虑自身与环境的改变，从而影响职业目标的实现。除了避免这两种错误认识，在选择职业生涯路线的过程中，还应当考虑不同企业的职业生涯阶梯设置模式和新的职业发展路线的拓展方法。

1. 要与组织的职业生涯阶梯设置保持一致

职业生涯发展阶梯是组织为雇员设计的自我认知、成长和晋升的人力资源管理方案，是决定内部晋升的条件、方式和程序的制度组合。组织职业生涯发展阶梯的设置，为组织内的各类员工提供了可能的发展通道，有助于调动员工的积极性和创造性，提高员工对组织的忠诚度，促进组织的可持续发展。

了解组织职业生涯阶梯的设置模式，对于职业生涯路线的选择与实施有着重要意义。要尽可能选择职业生涯阶梯设置科学合理的、可为员工提供多通道职业发展路线的组织，这类组织可以为个人提供更多职业发展机遇，更有利于个人的发展。同时，职业生涯路线的选择不是一劳永逸、固定不变的，可能在一定时期出现交叉与转换，个人必须根据自身实际和具体情境做出调整。

2. 要不断拓展自己的职业发展路线

（1）培养实用技能。这是职业生涯发展的基础。如果你掌握一些核心技能和知识，并擅长运用它们，就可以考虑把它们延伸到不同的行业和领域。

（2）回到学校充电。当你希望进入一个新的领域，而这个领域有别于你原有的知识背景时，取得该领域的教育证书将对你的职业生涯有所帮助。

（3）从事第二职业。当你感到目前的工作不能满足需求的时候，也可以在继续从事目前工作的同时，从事一份新的工作，也就是我们通常所说的第二职业。但需要注意这种行为在劳动合同或公司的规章制度中是否被明确禁止，并且不能影响本职工作。

（4）在公司内部谋求新职。这适合于喜欢现在的公司，希望在公司内部开辟新的发展路径的员工。你可以尝试在完成自己所负责的工作的基础上，志愿去做一些分外的工作，这样就有机会开辟新的发展路径，扩充自己的技能并获得晋升。

（5）开拓新的职业领域。这个方法适用于对现有工作已经非常厌倦的人。对他们来说，痛快地离开并进入一个新的领域可能是个机会。特别是对那些短期内没有经济来源和生活压力的人来说，更是如此。

二、阶段性职业发展目标规划

许多人在追求职业发展的过程中会半途而废，究其原因，是在长期追梦的过程中产生了懈怠和自暴自弃的消极情绪。如果能把追梦的路划分为若干段，并将每一段路的终点当成一个需要实现的小目标，那么目标实现的难度将大大降低。比如某位大学生所学的专业是人力资源管理，职业生涯总体目标是成为某公司的首席人才官，那么他可以将这一总体目标分解为多个阶段性目标，并由此规划出职业晋升路线（表3-6）。

表3-6　某人力资源管理专业大学生的职业晋升路线规划

职位	业绩目标	知识目标	人才培养目标	目标完成度评估标准
人力资源专员	完成考核、招聘、培训的组织工作，纪律检查合格，业绩考核结果为良好及以上	了解《中华人民共和国公司法》（以下简称《公司法》）、《中华人民共和国劳动法》（以下简称《劳动法》），掌握考核、招聘、培训、劳动关系等人力资源知识及其应用	新员工的培训考试合格率达到100%	目标完成度在80%以上，遵守纪律，每月差错控制在2次以内，服务满意度为中等水平及以上
人力资源主管	员工满意度考核结果为合格，考核、招聘、培训方面的专业能力及组织能力强	精准了解与公司相关的法律法规，具有应用人力资源管理知识的能力，能制订某一方面工作的方案并实施，且该方案行之有效	培养1名人力资源专员	目标完成度在80%以上，遵守纪律，每月差错控制在2次以内，服务满意度为中等水平及以上
人力资源副经理	员工满意度考核结果为合格，考核、招聘、培训方面的专业能力及组织能力强，对部门运作的支持力度大	精准了解与公司相关的法律法规，具有应用人力资源管理知识的能力，能制订某一方面工作的方案并实施，且该方案行之有效	培养2名人力资源主管	目标完成度在80%以上，遵守纪律，每月差错控制在1次以内，服务满意度为中等水平及以上
人力资源经理	制订公司的人力资源管理基本制度，设计招聘、培训、绩效、福利等规则，并将其合理地应用在工作中	精准了解与公司相关的法律法规，具有应用人力资源管理知识的能力，具有撰写报告和方案的能力，具有制度规划能力	培养2名人力资源主管和5名管理人员	培训计划达成率至少为80%，每年的人才流失率在10%以内，人力资源工作满意度考核结果为优秀，个人品行良好
人力资源高级经理	制订公司的人力资源管理基本制度，设计招聘、培训、绩效、福利等规则，并将其合理地应用在工作中	精准了解与公司相关的法律法规，具有应用人力资源管理知识的能力，具有撰写报告和方案的能力，具有制度规划能力，具有培训能力，具有人才测评能力和考核能力	培养2名人力资源主管和5名管理人员	培训计划达成率至少为85%，每年的人才流失率在10%以内，人力资源工作满意度考核结果为优秀，个人品行良好
人力资源总监	公司员工成长计划正常推进，招聘成功率达到目标，人力资源管理及文化建设效果达到预期，人力资源管理制度合理	具有文化建设及导入能力，具有培训能力，具有制度建设能力	培养2名人力资源经理和7名管理人员	培训计划达成率至少为85%，每年的人才流失率在10%以内，人力资源管理体系健全，个人品行良好
首席人才官	根据绩效，由董事会任命			

通过表5-6可以看出，要实现成为首席人才官这一职业生涯的总体目标，需要经历人力资源专员、人力资源主管、人力资源副经理、人力资源经理、人力资源高级经理和人力资源总监这六个阶段的发展。因此，在确定阶段性目标的时候如果觉得无从下手，可以去了解相关的职业晋升路线，作为确定阶段性目标的参考依据。

◆◆◆ **活动探索**

绘制职业发展路径图

准备一张白纸，在最上方写上"×××职业发展路径图"，然后画出如图3-2所示的路线图，代表自己规划的职业发展各个阶段。

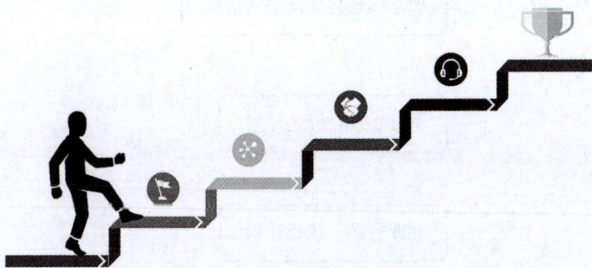

图3-2 职业发展路径图

具体的绘制方法是：将职业生涯总体目标分成多个阶段性目标，如果分为了5个，即认为实现职业生涯总体目标需要上升5步，那么就画出5个台阶。在第一个台阶上写上"1"并标注到达此阶段的年龄，在第二个台阶上写上"2"，也标注到达这个阶段的年龄，以此类推，最高处写上"5"和到达这个阶段的年龄。

每个人绘制好职业发展路径图以后，由教师进行分组，每个小组评比出组内最优秀的作品。

每组最优秀作品的绘制者上台介绍自己的构思，以及对活动的感悟。

体验式教学：职业目标设定工作坊

清晰合理的职业目标是职业生涯规划的关键起点。然而，许多同学在设定职业目标时存在迷茫、目标不明确等问题。为帮助同学们掌握科学的职业目标设定方法，特开展以下活动。

一、活动名称
我的心愿单（图3-3）。

二、活动目标
本次活动旨在通过引导学生写下自己的人生目标，帮助他们发现并明确个人的追求和愿望。

三、活动指导
（1）现在，请你拿出一支笔，写下你的人生愿望。在这个过程中，不需要考虑如何实

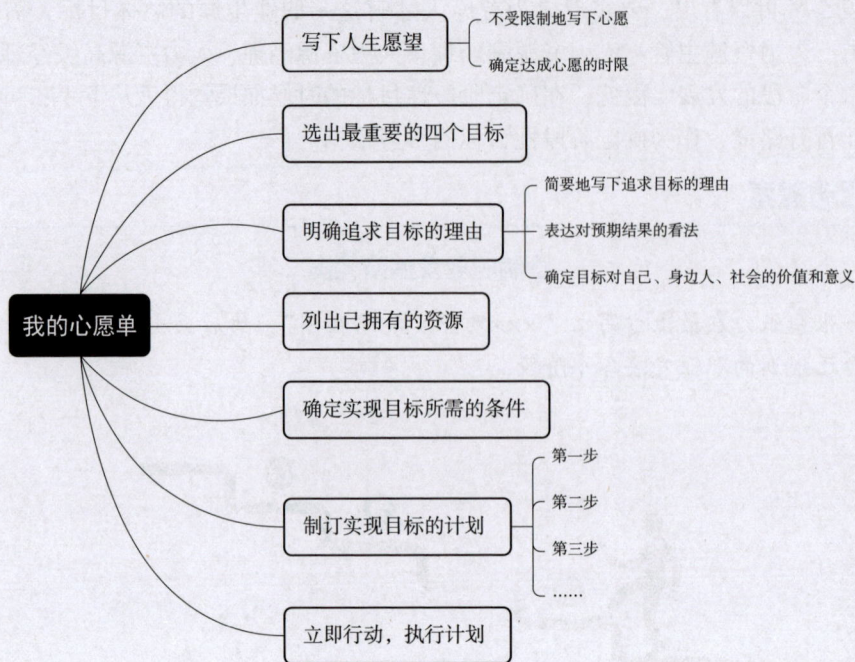

图 3-3 "我的心愿单"

现这些愿望，也不要给自己设下任何限制。请放飞想象力，尽情地写下你对工作、家庭、交友、情绪、健康等生活各个方面的期许，涵盖范围越广越好。

_____

_____

在这些心愿后写下你希望它们达成的时限。如 6 个月、1 年、2 年、5 年、10 年，或者更长时间。

如果你的目标多为近程的，短期投入即可立竿见影，那么你应该将目光投向更远的地方，寻找那些潜在且更具长远意义的目标。如果你的目标主要是长期的，需要持续投入才有可能实现，那就需要确定一系列阶段性目标，以逐步获得收获和成长。

（2）接下来，选择最近一年内最重要、你最乐意投入和最能带给你满足感的四个目标，将它们记录下来。

_____

_____

（3）明确并简要地表达你追求这些目标的理由。你是否对这些目标怀有肯定的期望？你对预期结果怎么看？如果你成功实现这些目标，对你自己、身边重要的人乃至社会将带来怎样的价值和意义？

_____

_____

（4）列出你已经拥有的各种重要资源，包括性格、朋友、财物、教育背景、技能等。正如建造房屋需要砖瓦、水泥、木料和可靠的匠人劳力一样，当你执行一个计划以实现某个目标时，就得知道该使用哪些工具并一一寻找到它们。

_____

（5）为了实现目标，你本身应该具备哪些条件？请逐一写下它们。

_____

_____

（6）请针对你的四个重要目标，确定实现它们的每一个步骤。以终为始，倒推得出计划，从你的目标开始问问自己：

倒数第一步：要实现这个目标，我必须达到什么样的条件？

倒数第二步：要达到这样的条件，我必须采取什么样的行动，并取得什么样的结果？

倒数第三步：为了取得这样的结果，在该行动中，我应该怎么做？（包括每天、每周、每月应该做什么）

倒数第四步：目前有什么因素妨碍我前进？我需要做些什么以改变自己？（可以具体到天、周、月……）

由此得出：

第一步：现在，我要立刻做的事情是什么？

……

（7）立即行动，执行计划。

四、职业目标设定与备选方案制订

职业目标设定：根据上述结果，运用 SMART 原则设定自己的职业目标。教师巡回指导，帮助同学们厘清思路，确保目标设定的合理性和可行性。

目标分解与计划制订：教师引导同学们将长期职业目标分解为具体的中期和短期目标，并制订相应的实施计划，包括学习计划、实践计划、人际关系拓展计划等，明确每个阶段的任务和时间节点。

备选方案制订：思考在追求职业目标的过程中可能遇到的各种情况，如行业变革、个人能力限制等。制订备选方案，讨论应对策略，提高职业规划的灵活性和适应性。

五、小组交流与分享

小组讨论：分组进行讨论，分享自己的职业目标和规划。小组成员互相提出问题、提供建议，教师给予指导和反馈。

嘉宾分享：邀请专业人士或成功人士分享他们的职业发展经验和心得。嘉宾可以是行业专家、企业人力资源管理人员、杰出校友等，结合自己的实际经历，为同学们提供职业发展的建议和启示。

总结与反思：每个小组推选代表进行发言，分享小组讨论的成果和自己的收获。教师对活动进行总结，强调职业目标设定的重要性和正确方法，鼓励同学们在今后的学习和生活中不断优化自己的职业目标设定。

第4章　职业准备与能力提升

学习目标

【知识目标】

1. 了解专业知识技能的特点，明确其在职业发展中的重要性，知晓获取专业知识技能的多种途径；

2. 认识可迁移技能的概念、特点和获取途径，理解可迁移技能在不同职业领域的相关性和适用性；

3. 掌握自我管理技能的内涵，熟悉自我管理技能的词汇表达，明确自我管理技能对个人适应环境和提升价值的作用。

【技能目标】

1. 能够根据所学专业，确定专业核心知识与技能，制订合理的学习计划，建立学习资源库，提升专业知识技能水平；

2. 掌握获取可迁移技能的多种途径，如兼职、实习、社团活动等，能够在不同情境中灵活运用可迁移技能。

【素质目标】

1. 树立正确的职业观念，认识到专业知识技能、可迁移技能和自我管理技能在职业发展中的重要性，培养积极的职业态度和职业素养；

2. 增强自我认知，通过盘点自身技能和参与实习实践活动，了解自己的优势和不足，明确个人职业发展方向。

4.1　专业知识与技能的学习路径

任务设置

同学们，不知道大家有没有留意过这样的现象：在一些热门的职业领域，如人工智能、大数据、新能源汽车等，扎实掌握专业知识与技能的人总是更容易获得优质的工作机会，也能在职业发展中走得更远。而那些专业知识与技能欠缺的人，往往在求职中四处碰壁，或者在工作中难以胜任岗位要求。

举个例子，在软件开发领域，具备熟练的编程语言技能和项目开发经验的程序员，能够独立承担复杂的软件开发任务，从而获得较高的薪资和良好的职业发展空间。相反，对编程知识一知半解的人，可能连基本的代码编写都感到困难，更别提参与项目开发了。

采访5位职业榜样，请他们谈谈本岗位需要哪些专业知识与技能，完成表4-1。

表4-1　职业榜样访谈记录

访谈对象	性别	工作单位	工作岗位	本岗位需要的知识与技能

对照表格中的内容，讨论大学期间应该如何进行专业知识与技能的储备。

任务学习

一、认识专业知识技能

专业知识技能虽以系统的正规教育或专门培训为主要获取途径，但并非局限于此。通过课外专项培训、行业专业研讨会、领域专题讲座、自主深度学习乃至资格认证考试等多元方式，个人同样能够持续丰富并强化自身的专业知识技能储备。其特点如下：

（1）以名词形式体现，如化学元素周期表、计算机编程、机械制造原理等。

（2）不具备通用性或可迁移性。这类知识技能通常包含专业名词、操作流程和学科核心内容，个体需要通过系统化的学习和训练才能掌握。

（3）与个人的专业学习或工作任务直接相关。专业知识技能是职场人士的立身之本，也是用人单位招聘、选拔人才时所考虑的重要因素之一。

所以，大学生一定要充分利用在校时间，扎实修炼自身的专业知识技能。然而，不少大学生在择业过程中会产生矛盾心理：既期望工作能与所学专业相契合，又不愿以此为终身职业；如果选择非本专业的工作，又会担忧相较于科班出身的竞争者，自己在专业知识技能方面存在明显劣势，难以逾越专业的壁垒。实际上，专业知识技能的获取并非只能依赖正规的专业教育途径，通过课外培训、专业研讨会、讲座、自学、资格认证考试等多种方式，个人同样可以丰富和增强自身的专业知识技能储备。

二、专业知识技能的培养方式

1. 明确专业核心知识与技能

不同专业有着不同的核心知识与技能。例如，护理专业的核心知识包括人体解剖学、生理学、护理学基础等，核心技能则有护理操作技能、病情观察能力等；而电子商务专业的核心知识涵盖市场营销、网络营销、电子商务平台运营等，核心技能包括数据分析、客户服务、店铺运营等。同学们需要深入了解自己专业的核心知识与技能，明确学习方向，可以通过查阅专业培养方案、与专业教师交流、了解行业需求等方式来进行了解。

◆◆◆ 活动探索

根据自己所学专业完成表4-2。

表 4-2　所学专业核心知识与技能分析

所在学院		所学专业	
课程设置	核心知识	核心技能	备注

2. 制订学习计划

根据专业核心知识与技能的要求，制订合理的学习计划。学习计划应包括短期、中期和长期目标。短期目标可以是在本学期内掌握某门专业课程的重点知识，中期目标可以是在一到两年内取得相关的职业资格证书，长期目标可以是在毕业时具备与职业目标相匹配的专业能力。在制订学习计划时，要考虑课程的难易程度、自身的学习能力和时间安排，确保计划具有可行性。大学学习目标分解示例如图 4-1 所示。

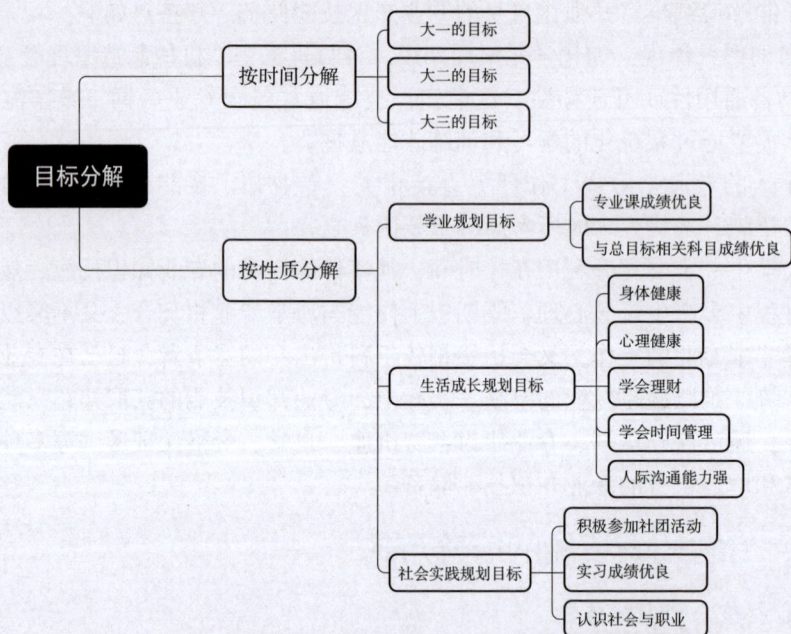

图 4-1　大学学习目标分解示例

◆◆◆ 活动探索

下面请同学们根据自己的专业和职业目标，制订详细的学习计划并进行分解（图 4-2），要包括短期（本学期或本学年）、中期、长期（整个高职学习阶段）的目标和具体行动步骤。例如，学习旅游管理专业的同学，短期目标可以是在本学期内掌握旅游地理、导游基础知识等课程的重点内容，中期目标可以是在大二取得导游资格证书，长期目标可以是在毕业时具备独立带团和旅游项目策划的能力。

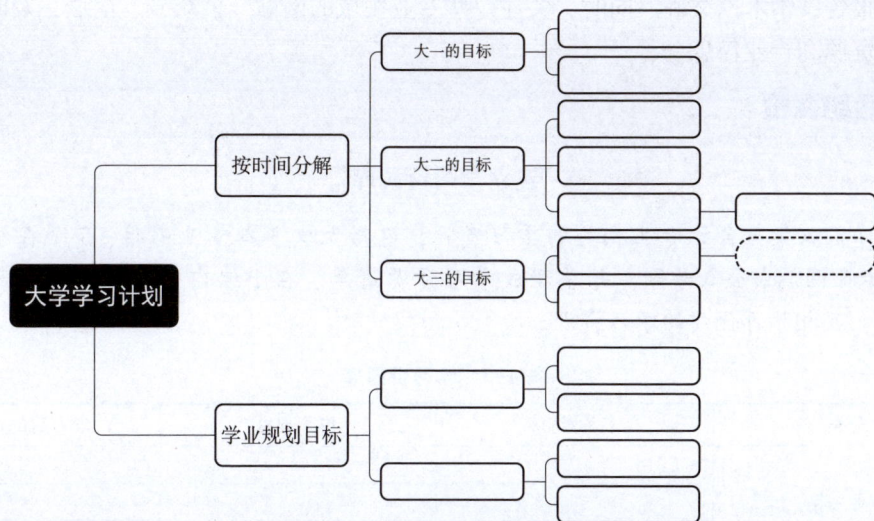

图 4-2　大学学习目标分解

3. 通过多样化的方式学习

（1）课堂学习。

课堂是获取专业知识的重要场所。认真听讲，积极参与课堂讨论和实践活动，与教师和同学互动，加深对知识的理解和掌握。

（2）自主学习。

利用课余时间进行自主学习，阅读专业书籍、文献，观看在线课程等。例如，计算机专业的同学可以通过在线平台学习编程语言和软件开发工具。

（3）实践操作。

专业技能的提升离不开实践操作。参加学校组织的实验、实习、实训活动，积极参与企业项目或创业实践。比如，机械制造专业的同学可以通过参与工厂实习，提高自己的操作技能和解决实际问题的能力。

（4）参加竞赛和活动。

参加与专业相关的竞赛、学术讲座、行业论坛等活动，在竞赛中锻炼自己的专业能力和团队协作能力，在讲座和论坛中了解行业最新动态和前沿知识。

🔑 课堂延伸

高职生可参加的竞赛活动丰富多样，扫描二维码可了解一些常见竞赛的相关介绍。

竞赛介绍

4. 建立学习资源库

收集和整理学习资料，建立自己的学习资源库，可以包括教材、参考书籍、在线课程视频、行业报告、学术论文等。同时，关注一些专业领域的网站、公众号、论坛，及时获取最新的学习资源和行业信息。

◆◆◆ **活动探索**

建立学习资源库

请同学们收集与自己专业相关的学习资源，包括至少3本专业书籍、5个在线课程链接、3个专业网站或公众号等，并整理成学习资源清单。在小组内分享自己的学习资源库（表4-3），互相推荐优质的学习资源。

表4-3 学习资源库

分类	名称/链接	推荐理由	学习后的收获
专业书籍			
在线课程			
专业网站或公众号			

5. 寻求教师和同学的帮助

在学习过程中，遇到问题要及时向专业教师请教。教师可以提供专业的指导和建议，帮助学生们解决学习中的困惑。此外，还应该与同学相互交流学习经验，分享学习资源，共同进步。例如，成立学习小组，定期讨论学习中遇到的问题，互相监督学习计划的执行情况。

🔑 **课堂延伸**

一个人能否取得成功，和他有没有向着梦想的方向发奋努力是密不可分的。如果能够有效地利用课余时间，那么通往成功的路一定会更加顺畅。可扫描二维码自主学习如何利用课余时间。

学会利用课余时间

🔑 **自我探索**

盘点专业知识技能

通过下列条目，盘点自己现有的专业知识技能，思考还需获取哪些专业知识技能。

1. 在学校课程中学到的（如化学、数学、操作技能等）：

_____

2. 在工作经历中学到的：

_____

3. 通过课外培训和研讨班学到的（如书法等）：

_____

4. 通过专业会议、讲座学到的（如演讲、语言表达等）：

_____

5. 通过参加志愿者工作学到的（如献血知识、急救方法等）：

_____

6. 在业余爱好、娱乐休闲和社团活动中学到的（如轮滑、散打等）：

_____

7. 通过自学、请教等方式学到的（如电脑修图、吉他演奏等）：

_____

8. 家人和同学认为你在校内外学到的（不论程度如何）：

_____

9. 以上专业知识技能中，你认为自己比较精通的五项：

_____

10. 你在工作中最经常应用的五项：

_____

11. 你认为最重要的五项：

_____

12. 你尚不具备但希望拥有以在工作中应用的：

_____

13. 你计划通过以下途径掌握上述专业知识技能：

_____

4.2 可迁移能力与自我管理能力的提升

任务设置

专业能力是指从事特定工作所必需的能力，比如，会计必须懂得怎么算账、编程人员必须知道怎么写代码等。专业能力是后天培养的，专业能力越强，你的不可代替性就越强。请填写下表。

请写出自己所学专业对应的行业以及职岗（5个）	
行业	职岗
请写出5个职岗对应的5个核心能力	
专业对应职业的查询平台推荐	
岗位需要的核心能力检索方法： 大型招聘网站里面发布的岗位要求都有详细说明，建议寻找大公司的招聘岗位。 目前主流的招聘平台： 各个大学的就业咨询网、各省市的人才网、智联招聘、前程无忧、BOSS直聘、拉勾网或者企业的官方网站等。	

任务学习

一、可迁移技能

（一）认识可迁移技能

可迁移能力是指那些能在不同职业场景中通用的能力，它们不局限于特定行业或岗位，比如沟通协调、逻辑分析、问题解决、团队协作等，这类能力如同技能中的"通用货币"，能伴随职业发展持续发挥作用。自我管理能力则是个体对自身行为、时间、情绪等的调控能力，像目标规划、时间管理、抗压能力、自律性等都属于这一范畴，它是提升个人效率与职业适应性的核心支撑。这两种能力的强弱，直接影响着职业发展的灵活性与可持续性。请填写表4-4。

表4-4　可迁移能力和自我管理能力盘点

感兴趣的职业方向	该职业高频需要的 3项可迁移能力	该职业需重点具备的2项自我管理能力

可迁移能力与自我管理能力的认知渠道推荐：

了解不同职业对这两种能力的需求，可通过主流招聘平台（智联招聘、前程无忧、BOSS直聘等）、各行业职业发展报告、企业官方招聘公众号，或与职场从业者的深度交流获取信息。

能力需求的检索方法：

在招聘信息中，重点关注"任职要求"里的"软性条件"，例如"具备良好的跨部门沟通能力""能在高压下高效完成任务""拥有清晰的逻辑分析能力"等表述，这些往往是对可迁移能力与自我管理能力的具体体现；也可通过职业测评工具、行业分享会等渠道，系统梳理不同场景下这两种能力的应用细节。

相较于专业知识技能，可迁移技能更具有持久性，因为它们不依赖特定的学科知识，而是与个人的适应性、创新性和人际交往能力密切相关。举例来说，假设室友间发生了矛盾，你作为宿舍长，主动召集室友开会，引导大家进行开放和建设性的讨论，共同寻找解决矛盾的方法。在这个过程中，你运用了组织、沟通、协商和问题解决等可迁移技能。这些技能在宿舍这一非正式场合得到了锻炼，并可以被迁移应用于职场中的团队管理、项目协调和客户沟通等情境。

可迁移技能在多个职业领域都具有高度的相关性和适用性。例如，沟通能力不仅在销售和市场营销中至关重要，在技术、教育、医疗等其他领域也同样重要；团队合作和领导力也是大多数用人单位在招聘时寻求的关键能力。因此，在职业发展过程中，重视并培养这些可迁移技能对于提高个人的就业竞争力和职业适应性至关重要。尤其是那些对专业知识技能要求不高、更侧重于可迁移技能的职位，即使求职者没有特定职位的直接经验，但只要具备该职位所需的可迁移技能，就足以证明自己有能力胜任这一工作。这表明，即使求职者的教育背景和专业领域与目标职位不完全匹配，仍然有机会跨行业进入自己向往的职业领域。通过不断学习和实践，个体可以增强这些技能，并将其应用于不同的工作环境中，从而实现跨行业的职业转换和职业发展。

（二）可迁移技能的获取途径

作为一名大学生，可迁移技能可以从以下途径获得。
（1）从事与求职目标岗位相同或相近的兼职。
（2）积极参加校内外实习培训。
（3）对成功人士进行访谈，并观察学习，模仿体会。
（4）发展自身的业余爱好，从兴趣中发展可迁移技能。
（5）参加校内外社团活动，锻炼沟通、合作、创新等可迁移技能。
（6）参加专业训练，专门训练某方面的技能。

二、自我管理技能

自我管理技能是指个体在不同情境下对自身行为、情绪和思维进行有效调节与控制的能力。这种能力不仅反映了个体的性格特质和品质，如有责任心、进取心、创新精神，冷静应对压力，积极热情等，还对个体适应环境、提升个人价值具有重要作用。尽管自我管理技能常被视为个性品质而非纯粹的技能，因为它常被用来描述或解释个体的某些特质，但它与可迁移技能相似，同样可以从非职业生活场景迁移至工作场景中。一个人如何运用专业知识、秉持什么样的态度对待工作，往往比工作内容本身更具决定性意义。自我管理技能通常用形容词和副词来表示，如表 4-5 所示。

表 4-5　自我管理技能词汇表

类别	核心功能描述	包含词汇
沟通与表达类	聚焦信息传递、情感互动与理解反馈	表达、演讲、讲解、解释、倾听、联络、交际、咨询、鼓励、激励、激发

类别	核心功能描述	包含词汇
分析与洞察类	侧重信息处理、规律探寻与预判能力	分析、洞察、预见、判断、探索、研究、调查、观察、学习
组织与协调类	围绕计划推进、资源调配与关系调和	组织、协调、安排、计划、调和、调解、协助、支持、执行、追随、服从
操作与实践类	涵盖具体行动、工具运用与事务处理	操作、执行、安装、维修、测量、记录、驾驶、烹调、种植、绘制、摄影、编辑、设计、绘画
创新与创造类	突出突破常规、生成新价值的能力	创新、发明、想象、设计（创造性维度）
管理与控制类	涉及过程调控、目标达成与秩序维护	管理、控制、分类、总结、计划（规划维度）、销售、宣传、促进

三、识别职业技能优势

识别职业技能优势的目的主要是帮助我们判定自己的职业技能，正确认识自己的职业定位。只有全面、充分、准确地识别出自己的职业技能优势，才能找到自我定位与社会定位的恰当结合点，做出适合自己的职业定位。识别职业技能优势是胜任职业的前提。

成就经历法是从辛迪·梵和理查德·鲍尔斯的技能分类产生的技能开发工具。技能的规范描述与提取，是有效运用成就经历法的关键，通常需要遵循三个要点。

1. 使用描述技能的规范句式

标准格式为"（主语）+状语（副词）+谓语（动词）+宾语（名词）"，如"我成功策划过一次全校的春节晚会"。

2. 准确提炼规范句式中的技能描述用语

管理技能与可迁移技能通常可以参考相关技能词汇表中所列的用语，知识/专业技能则需要自行提炼，这是技能描述中的难点。如"全校性的晚会"，其本质是一次人数众多、程序复杂、有特定意义的大型活动，用"大型活动"代替，更能反映出知识/专业技能描述的准确性，因而在技能描述中宜用"成功地策划大型活动"这样的表述。

3. 提取技能描述句中的"技能"

一般来说，状语（副词）概括的是管理技能，谓语（动词）概括的是可迁移技能，宾语（名词）概括的是知识/专业技能，可参见表4-6中的具体示例。

表4-6　运用成就经历法的技能识别

管理技能（副词）	可迁移技能（动词）	知识/专业技能（名词）	技能描述
高效	组织	市场营销	在担任学生会干部期间，高效地组织了校园市场营销模拟竞赛，吸引了众多同学参与，并成功拉到企业赞助，提高了活动的影响力
有条理	协调	团队项目	在参与一个跨专业的项目时，有条理地协调团队成员的分工和工作进度，通过定期的团队会议和沟通，确保了项目按时完成并达到预期目标
灵活	领导	创新项目	作为创业团队的负责人，灵活地领导团队应对市场变化，及时调整项目方向和策略，带领团队成功推出了具有创新性的产品或服务

续表

管理技能 （副词）	可迁移技能 （动词）	知识/专业 技能（名词）	技能描述
精准	分析	市场数据	在市场调研实习中，精准地分析市场数据，为企业制订营销策略提供了有力的支持，帮助企业发现了潜在的市场机会和客户需求
耐心	指导	新员工培训	作为公司的老员工，耐心地指导新员工，帮助他们熟悉工作流程和业务知识，提高了新员工的工作能力和适应能力

利用成就经历法来识别技能，通常可以按照以下三个步骤进行。

第一步：准备成就经历表。在一张纸的上部写上题目，如"技能识别表"（表 4-7）。将纸纵向折为左右两部分，左侧占 2/3，右侧占 1/3，在左侧的上部写上"成就经历描述"，在右侧上部写上"可识别出的技能"。

第二步：撰写成长经历故事。回忆生活、学习、成长的经历，把认为自己表现得好的经历逐一记录下来，越具体越好，而且最好给每段经历起一个名字。之后你会发现，记录得越详细，可识别的技能就越多。

第三步：提炼描述技能的规范句式。将经历故事中的具体事件改写为技能描述的规范句式，分别识别出该具体事件中使用的自我管理技能、可迁移技能和知识/专业技能。

表 4-7　技能识别表

成就经历描述	可识别出的技能
我参与了学校组织的校园文化节活动的筹备工作，是活动策划组的主要成员。在活动筹备初期，我与团队成员一起讨论确定了文化节的主题——"传统文化在校园"。为了使活动更具吸引力，我主动承担起收集传统文化素材的任务，通过查阅大量资料和实地调研，整理出了一系列与传统文化相关的活动方案，如传统手工艺展示、诗词朗诵比赛、民俗文化表演等。 在活动宣传阶段，我与学校的宣传部合作，制作了精美的宣传海报和宣传视频，并通过学校的官方网站、社交媒体等渠道进行宣传推广。同时，我还组织了一场宣传活动，在学校内设立咨询点，向同学们介绍文化节的活动内容和参与方式。 在活动实施阶段，我负责协调各个环节，确保活动顺利进行。当遇到一些突发情况时，比如民俗文化表演的演员临时生病，我迅速与团队成员商量，及时调整节目顺序，并寻找替代演员，保证了表演的完整性。最终，校园文化节活动取得了圆满成功，吸引了众多师生的参与并获得好评	团队协作与沟通能力：与团队成员一起讨论活动主题和方案，共同完成文化节的筹备工作，在这个过程中积极沟通交流，发挥自己的优势，也尊重他人的意见，确保团队目标的达成。 资料收集与分析能力：主动承担收集传统文化素材的任务，通过多种渠道收集资料，并对资料进行分析整理，为活动方案的制订提供了有力支持。 活动策划与组织能力：参与活动主题的确定和方案的策划，从文化节的整体规划到具体活动的设计，都体现了较强的活动策划能力；在活动实施阶段，协调各个环节，处理突发情况，展示了良好的组织能力。 宣传推广能力：负责活动的宣传工作，与宣传部合作制作宣传海报和视频，通过多种渠道进行宣传推广，组织宣传活动，有效地提高了活动的知名度和参与度。 问题解决能力：在活动实施过程中遇到演员生病等突发情况，能够迅速做出反应，与团队成员商量解决方案，调整节目顺序，寻找替代演员，体现了灵活应对问题和解决问题的能力

撰写个人成就故事

回忆自己到目前为止经历过的体验很好、给自己带来成就感的事情，并把它们逐条列出，内容包括完成的事情、当时遇到的困难、大体的行动步骤和最终的结果。

注意：成就事件不一定是大事件，也可以是一些微不足道的小事，既可以是工作中的，也可以是学习上的，还可以是生活中的事情。其评判标准并非世俗所公认的"成功"，而是个人内心的真实感受，如喜欢做这件事时体验到的感受，或完成后自己觉得有成就感。

_____

_____

_____

_____

_____

请总结以上成就经历体现出的技能，并填入图4-3中。

我做得很好：	我可以做，但做得不是那么好：
我只要努力，就可以做得好：	不是我所擅长的：

图4-3　技能分类

4.3　实习实践经验的积累策略

任务设置

在大学期间，你一定有一些兼职、实习、勤工俭学的经历。回答以下问题，将你的实习实践体验记录下来。

1. 该工作是在什么情形下找到的？
2. 该项工作的主要内容是什么？
3. 你从事该项工作的主要收获和体会是什么？

大学生社会实践是一种以亲身实践为手段实现高等教育目标的教育方式，是利用社会资源提升学生综合素质、促进其全面发展的重要途径，同时也是大学生明确并实现个人生涯规划的有效手段。

➤ 一、体验兼职实践活动

在参与各类兼职实践活动时，应关注国家产业导向和社会需求，选择既能提升自身专业技能，又能服务于国家经济社会发展的兼职工作。例如，参与国家大力扶持的创新创业项目，或在国家重点发展领域寻找兼职机会等。这样的社会实践，不仅能帮助学生深入了解职业环境、提升职业技能，还能使其深刻理解所学专业在国家发展大局中的作用与价值。

在校大学生利用课余时间与假期从事兼职工作，主要方式有以下四种：

1. 校园商业活动

学生群体是当今消费市场最重要的消费群体之一，校园已成为商家竞争的重要阵地。校园内常举办各类商业宣传活动，如新品试用体验、样品派发、海报张贴、礼品赠送、产品直销等。大学生可以参与这类活动，以丰富实践经验。

2. 利用网络资源提供有偿服务

随着信息技术的发展，网络成为大学生获取职业体验的重要平台，如从事平台客服、网站推广、网站编辑、撰稿等工作。

3. 体验促销会展服务

随着消费者导向观念深入人心，各类商家频繁举办促销、展销活动，为大学生提供了丰富的实践机会。通过参与此类活动，大学生能够在与顾客的交流互动中锻炼人际沟通技巧，体验服务行业的酸甜苦辣，深刻理解敬业精神与服务意识在职业实践中的重要性。

4. 参与勤工助学项目

高校普遍设有完善的勤工助学制度，各类勤工助学岗位，如学校各部门助理、实验室助理、院系助理等，既能锻炼大学生的服务意识与吃苦耐劳的精神，又能使其珍惜现有的学习机会、增强社会适应能力，有助于大学生培养良好的职业习惯、提升工作能力。

➤ 二、体验实习实训活动

大学生在参与实习实训活动时，应优先选择对国家战略有显著贡献的企业和机构，如高新技术企业、国家重点实验室等。在这样的实习实训环境中，不仅能系统学习专业知识和技能，更有机会深入了解企业是如何响应国家需求、参与国家建设的，有助于将自己的职业发展与国家发展需求紧密结合，确保所学专业技能和知识能切实服务于国家的长远发展。

实习作为就业前的预备阶段，对大学生而言，是了解职场规则、熟悉各类岗位职责、探索个人职业定位的关键时期。实习过程中，大学生不仅接受企业的考查，也在与企业的互动中逐步了解企业运作的方式，积极融入企业环境，与未来可能成为同事的人建立联系，感受企业文化。这一过程有助于大学生明确个人职业目标、找准职业定位，为未来职业发展铺路。而且，在系统学习了相关课程、掌握了理论知识和工作方法后，大学生需通过实习实训将理论知识付诸实践，模拟或直接参与企业的生产经营管理活动。在理论指导下，通过实操演练，能够深化对"怎么做"的理解和实践，积累"如何做得更好"的策略，有效提升业务处理技能与管理能力。

实训的最终目标是使大学生具备扎实的基本技能与专项技能，具备较强的综合技能应用能力，做到快速适应工作岗位、熟练处理业务、展现良好的职业素养，尤其在问题解决的能力上得到显著提升。在实习实训体验中，大学生不仅能直观感受企业的整体运营状况，还能对企业的发展战略、管理模式、文化等有全方位的认识。通过参与企业日常运营，发现问题、分析问题、解决问题，大学生可以为未来职业生涯规划积累宝贵经验、打下坚实基础。

实习应注意以下几个方面：

1. 提前规划，聚焦目标

大学生在寻找一份职前实习时，应该思考这样几个问题："我未来希望从事的职业是什么？""跟我的专业对口的领域有哪些？""我想担任的工作岗位是什么？"基于这些问题寻找一份与自己未来想要从事的职业相关的职前实习，这样才有助于探索职业世界、解决职业困惑。比如，一名机械专业的大学生未来想进入汽车制造行业工作，那么就可以将职前实习目标锁定在当地的汽车企业。

2. 做好调查，搜集信息

确定职前实习目标后，要做好背景调查和信息搜索，网络搜集、人物访谈等方法了解目标企业。比如，想进入某企业实习，就要了解这家企业每年什么时间、通过怎样的方式招聘实习生，在实习生选拔上看重哪些能力。全面搜集信息后，就要提前做好各方面的准备，争取在应聘时脱颖而出。

3. 尝试完成角色转换

职前实习时，大学生要尝试把自己当成一个真正的职场人，以职场人的标准来要求自己，不能迟到、早退，遵守企业的工作纪律。在工作过程中，深入了解企业的用人要求，将理论与实际相结合，熟悉真实的工作环境，奠定良好的人际关系基础，进而提升自己的适应能力和人际交往能力。此外，在从学生到职场人的转变过程中，大学生将会遇到很多在校园中从未遇到的问题。在应对和处理这些问题的过程中，可以逐渐改正盲目草率、犹豫任性等缺点，培养较强的心理素质，不断提升情绪管理能力。

4. 做好总结，完善自我

在职前实习的过程中，大学生不断深入职业世界、了解工作的相关信息，需要经常性地对一段时间以来的收获和感悟加以归纳总结，将其进一步内化为自身的素质，不断提升自己各方面的能力，不断充实和完善自我。

◆◆◆ **活动探索**

我的职业初体验

活动目标：初步体验不同职业，探索未来职业方向。

活动指导：在大学学习期间，我们会积极参加各种社会实践，获得一些"职业初体验"。通过兼职、实习、勤工俭学等多种形式的工作经历，我们得以接触不同领域、不同行业的工作内容和工作流程。请将你的职业初体验记录下来，并在组内交流。

（1）你职业初体验的岗位名称是什么？

(2) 你是在什么情形下找到这份工作的?

_____

_____

(3) 该项工作的主要内容有哪些? 需要怎样的能力和素养?

_____

_____

(4) 从事该项工作的过程中, 你遇到过哪些困难? 是如何解决的?

_____

_____

(5) 从事该项工作, 让你获得了哪些可以运用在其他场景或工作中的技能、技巧?

_____

_____

(6) 未来若有机会, 你会选择它作为自己的正式职业吗? 为什么?

_____

_____

(7) 接下来, 发挥创意, 不拘任何形式 (文字、照片……), 将你的职业初体验做成记录, 并与大家分享你的收获和成长体会。

_____

_____

第 5 章　生涯管理与评估调整

学习目标

【知识目标】

1. 理解职业生涯发展的核心理论，包括生涯九宫格、"三三三"理论、五阶段论、年龄阶段论等，掌握各理论的基本概念、内容框架和应用要点；

2. 熟悉角色转变与初入职场准备策略，了解从学生到职场人在人生理想、知识应用等方面的转变内容，以及入职前需规避的心态和入职后的关键事项。

【技能目标】

1. 能够运用生涯九宫格对自身生活状态进行全面评估，通过打分和分析，发现自身的优势与不足，并据此制订合理的生涯规划调整方案；

2. 具备完成从学生到职场人角色转换的能力，能够在入职前调整心态，入职后迅速适应职场环境，掌握与同事、领导的沟通技巧和工作任务管理方法。

【素质目标】

1. 培养全面、系统的生涯规划意识，认识到职业生涯发展是一个动态、持续的过程，树立终身规划的理念；

2. 增强自我反思与自我管理能力，通过对生命历程、职场角色等方面的思考，不断优化个人行为和心态，提升职业素养。

5.1　职业生涯发展主要理论

任务设置

同学们，现在请将自己的生命历程想象成一条完整的鱼骨，其中鱼眼代表个体的起点，也就是出生时间和出生地点；鱼头呈三角形，象征着个体在出生后 0~3 岁这个阶段的迅速发展；鱼尾表示职业生涯结束后，个体进入生命的晚年阶段；鱼尾尖则代表了生命的终点，标志着个体的生命周期的结束；主骨代表生命线，承载着每个生命故事发生的节点，它的理想长度取决于鱼尾处的时间。

请参考小李同学的鱼骨生命线（图 5-1），画出属于自己的鱼骨生命线（图 5-2）。

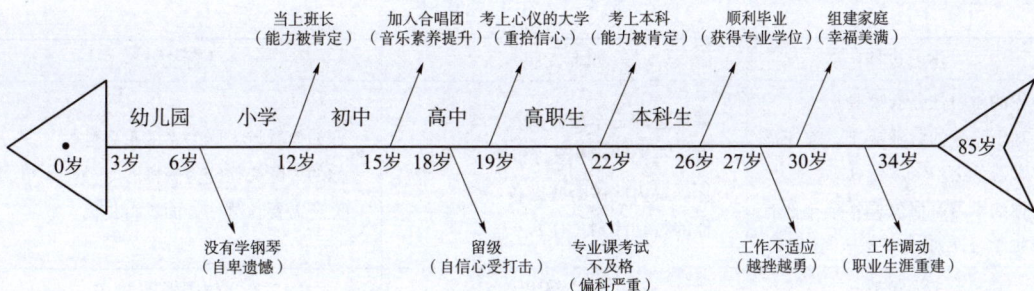

当上班长　　　加入合唱团　考上心仪的大学　考上本科　　顺利毕业　　组建家庭
（能力被肯定）（音乐素养提升）（重拾信心）　（能力被肯定）（获得专业学位）（幸福美满）

幼儿园　　小学　　初中　　高中　　高职生　　本科生

0岁　3岁　6岁　　　12岁　15岁 18岁 19岁　　22岁　　26岁 27岁　30岁　　34岁　　85岁

没有学钢琴　　　　　　留级　　　　专业课考试　　　工作不适应　　工作调动
（自卑遗憾）　　　（自信心受打击）　不及格　　　　（越挫越勇）　（职业生涯重建）
　　　　　　　　　　　　　　　　（偏科严重）

图 5-1　小李同学的鱼骨生命线

步骤：

（1）在鱼骨生命线的鱼眼处，写上自己的出生日期和当时的年龄（0岁）。然后，根据个人、家族的健康状况，以及所处地域的平均寿命，来预测自己最终告别这个世界的时间，并将其标注在鱼尾尖处。

（2）找出今天在生命线上的位置，并用自己喜欢的标记表示。同时，在该位置上写下今天的日期和自己现在的年龄。

（3）请安静下来回顾自己过去的经历，在生命线上标注对自己影响最大或最难忘的五件事。影响积极的事件用朝上的鱼刺表示，消极事件则用朝下的鱼刺表示。可以用鱼刺的长度反映事件对个人的影响程度。

（4）在生命线上标出未来最想做的三件事或计划实现的三个目标。对于那些能够由自己全权决定的事情，使用朝上的鱼刺进行标记；而对于需要他人参与或完全由他人决定的事情，使用朝下的鱼刺进行标记。

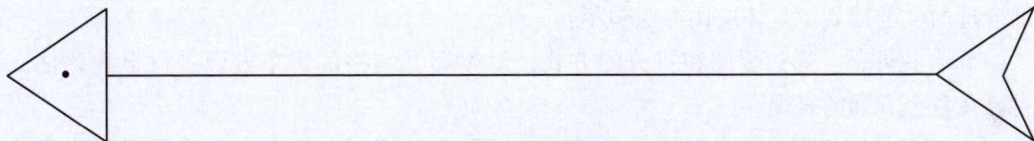

图 5-2　鱼骨生命线

思考：

1. 过去的经历对你的成长有何影响？你如何看待这些经历的影响？

2. 就你目前的状态而言，你是否对自己感到满意？是哪些人或事物促成了你现在的状态？

3. 对于未来的发展，你有何期望？为了成为那样的人，你目前需要采取哪些行动？

任务学习

一、生涯九宫格

生涯九宫格这一概念是金树人教授与樊富珉教授在生涯团体辅导工作中首次提出的。金树人在研究中提炼出生涯发展的九大核心领域，如表 5-1 所示。每个格子都设计了相应的问题，通过对这些问题进行思考，并结合主客观标准给自己打分，评估个体的生涯状态。

表5-1 生涯九宫格

学习进修	职业发展	人际交往
你的学习任务有哪些？ 基于未来的就业要求，你还需要学习什么？ 你的学习习惯怎样？今年你有哪些学习计划	你理想的工作是什么？ 具体有哪些用人要求？ 你需要为此做些准备？ 你的行动计划是什么	你如何看待人际关系的重要性？ 你的人际交往能力怎样？ 你还需要在哪些方面进行提高
个人情感	**身心健康**	**休闲娱乐**
你如何看待亲密关系？ 友情、爱情等对你来说意味着什么？ 你是如何建立并维护亲密关系的	你是否拥有锻炼身体的习惯？ 你是怎样调整自己的情绪的？ 怎样让自己保持良好的身心状态	你有哪些兴趣爱好？ 这些兴趣爱好可以为你带来哪些价值？ 哪些兴趣将有可能转换为职业
经济财富	**家庭生活**	**社会服务**
你的理财能力如何？ 财富在你未来的职业发展中有什么样的意义？ 你是否有意识地为自己增加一些收入	你和家人的关系怎样？ 你期待未来的家庭生活什么样？ 你如何看待家庭环境对你个人发展的影响	你是否参加过一些公益活动？ 你如何看待一个大学生的社会责任？ 未来，你希望为社会作出哪些贡献

（一）生涯九宫格的应用

生涯九宫格可以帮助个体全面审视自己的生活状态，明确自己的优势和不足，从而制订更加合理的生涯规划。具体应用方法包括：

（1）自我评估：通过提问和打分的方式，对生涯九宫格的每个方面进行自我评估，了解自己在各个方面的表现。

（2）理想状态规划：在自我评估的基础上，思考并规划自己在未来阶段想要达到的理想状态，同样使用打分的方式进行量化。

（3）行动计划的制订与实施：个体可以定期通过生涯九宫格评估自己的综合发展，根据理想状态与现实状态的差距，制订具体的行动计划，并付诸实践，逐步接近理想状态。

（4）监督与反馈：通过使用生涯九宫格，个体可以更加清晰地认识到自己在生活各个领域的表现和需求，从而采取积极的行动来提升自己。也可以让教师、同学共同监督、评价，获得反馈以促进行动。

（二）评估与打分标准

生涯九宫格通常采用满分100分的打分标准，60分视为及格。根据个体的得分情况，可以判断其在生活各个领域的表现：

前三格（学习进修、职业发展、人际交往）均在60分以上为合格；前六格（加上个人情感、身心健康、休闲娱乐）均在60分以上为优秀；九格均超过60分为卓越。

这种打分标准有助于个体直观地了解自己的生涯发展状况，并据此制订改进计划。

（三）生涯九宫格的意义

生涯九宫格的意义在于提供了一个全面而系统的视角，帮助个体更好地认识自己、规划未来。通过生涯九宫格的应用，个体可以更加清晰地了解自己的优势和兴趣所在，明确自己的职业方向和生活目标，从而制订更加切实可行的生涯规划。同时，生涯九宫格也有助于培养多元能力和综合素质，为个体未来的职业发展和幸福生活打下坚实的基础。

二、职业生涯发展的"三三三"理论

廖泉文教授提出的"三三三"理论是一个关于职业生涯发展的独特理论。该理论是对传统职业发展阶段论的创新，它不将职业发展简单地分为几个硬性的年龄阶段，而是提供了一种弹性的、开放的、动态的划分方法。

廖泉文教授将人生发展阶段分为三个主要部分，每个部分又包含三个子阶段，形成了"三三三"的结构。这种理论更加注重个体在不同生活阶段的需求和特点，以及这些因素如何影响个人的职业选择和发展。

具体来说，该理论认为个人的职业发展可以分为三个主要阶段：成长阶段、实现阶段和维持阶段。在成长阶段，个人主要关注自我探索和技能学习；实现阶段是个人开始实现职业目标和提升职业技能的时期；维持阶段是个人在职业生涯中寻求稳定和保持成就的阶段。每个主要阶段又可以细分为三个子阶段，例如，成长阶段可以细分为探索期、确立期和稳定期。这样的划分方法有助于个人更好地理解自己在职业生涯中的位置，以及如何根据个人的需求和环境变化来调整职业规划。

廖泉文教授的这一理论在职业生涯管理领域具有重要的理论和实践意义，为个人职业规划和组织人力资源管理提供了新的视角和方法。

三、其他职业生涯发展理论

1. 五阶段论

这一理论根据职业发展的自然进程，将个人的职业生涯划分为以下五个相互衔接的时期。

（1）职业准备期。涵盖教育、培训、实习等阶段，个体在此期间积累知识技能，形成初步的职业兴趣与价值观，为未来的职业生涯做准备。

（2）职业选择期。个体初次进入职场，通过尝试、选择与调整，确定较为明确的职业方向，形成初步职业定位。

（3）职业适应期。个体在选定的职业中逐步适应工作环境、角色与职责，提升专业能力，建立职业认同感。

（4）职业稳定期。个体在所从事的职业上取得一定成就，职业发展趋于成熟，工作与生活趋于平衡，获得稳定的职场地位。

（5）职业结束期。临近退休或主动选择退出职场，个体开始规划退休生活，可能包括职业转型、兼职工作或完全退休等安排。

2. 年龄阶段论

罗双平主任基于年龄，将个体一生的职业发展大致分为以下四个阶段。

（1）20~30岁。初入职场，个体处于职业探索与积累阶段，通过试错与学习，逐渐明确职业方向，积累工作经验。

（2）30~40岁。职业发展期，个体在选定的职业中进一步提升专业能力，可能面临职位晋升，承担更多责任，逐步确立职业地位。

（3）40~50岁。职业成熟期，个体在所从事的领域内通常已取得显著成就，具备较强的专业影响力，可能担任领导职务或成为行业专家。

（4）50~60岁。临近或进入退休阶段，个体开始考虑职业转型、工作与生活的平衡，规划退休生活，也可能继续工作，但角色与工作，负荷有所调整。

◆◆◆ **活动探索**

我的生涯快照——用理论照见当下与未来

一、理论速览与工具分发

教师用3分钟快速串讲核心理论。

生涯九宫格：9个生活领域的平衡发展。

阶段理论：不同年龄/时期有不同的生涯任务（如20~30岁是探索积累期）。

每组发放2张表：简化版九宫格评分表（仅保留9个领域及100分制打分栏）、阶段任务对照表（列出20~30岁/30~40岁的核心任务）。

二、个人"生涯快照"绘制

填写九宫格：在每个领域打分后，用"★"标出2个最高分领域，"△"标出2个最低分领域。

匹配阶段任务：结合自己年龄，从对照表中圈出3个"当前最该完成的任务"，并在旁边标注"已完成""进行中"或"未开始"。

三、小组"理论会诊"

轮流分享：每人用1分钟说明自己的"★""△"领域及阶段任务进展。

互助建议：其他组员结合理论给出1条具体建议（如："你'职业发展'打了50分，当前阶段可以先去看10家公司的招聘要求"）。

共性梳理：每组在白纸上汇总2个最常见的"△"领域和对应的1条小组共识建议。

四、总结与行动（5分钟）

每组派代表说出1条共识建议，教师汇总。

个人写下"课后1小步"：基于分享，确定1件本周可做的小事（如给家人打1个深度电话，对应"家庭生活"领域）。

5.2 角色转变与初入职场准备策略

任务设置

同学们想必都对职场生活产生过憧憬，也通过影视作品、文学作品等，对职场人物形象有所了解。下面请同学们相互交流，分享自己心中的职场人形象，将关键词写在下方。

_____

_____

_____

_____

任务学习

一、角色转换的内容

1. 由高远的人生理想向现实的职业目标转变

大学生入职前多有着较高的期待，对职业发展、人生目标有许多美好的憧憬，往往根据自己的愿景判断职场状况、决定行事风格，在人生目标的驱动下能够产生较高的执行力，但也会因为现实与期待的落差而情绪低落，甚至无所适从，以致在实际工作中失去动力。因此，大学生要调整状态，适应美好期待与现实状况之间可能存在的落差。要认识到实现人生理想需要靠吃苦和奋斗，职场中的每一件小事都是宝贵的经历和积累。对于组织安排的任务要不折不扣地完成，面对困难要抱着使命必达的决心，不讲条件、不找借口，甚至要有为了集体利益而牺牲个人利益的心理准备。

2. 由系统的理论学习向具体的知识技术应用转变

在校期间，大学生的主要任务是学习，在教师的专业课讲授、辅导员的督促指导、同学的互助下，专业技能水平得到了系统性提升，知识储备也变得更为完善和丰富。进入职场后，将面临更多的操作环节和动手项目，需要将在校所学的理论知识用于具体工作。在这个过程中，应积极开动脑筋，结合工作内容大胆尝试，用所学理论解决实际问题。遇到难以解决的困难应及时向同事请教，抓住公司培训交流等机会弥补能力短板，不断增强用理论指导实践的能力。

课堂延伸

除了上面介绍的内容，角色转换涉及的其他内容可扫描二维码自主学习。

角色转换的内容

二、入职前应规避的心态

大学生在入职前应克服和规避一些不利于自己职业生涯发展的心态，包括但不限于：

1. 华而不实的心态

企业需要的是踏实做事的实干家，不是阿谀奉承的空谈者。在领导面前高谈阔论，在实际工作中却没有行动、毫无作为，所做的与所承诺的相差甚远，这是极不可取的。要避免华而不实的心态，向行业中的优秀人物看齐，以实际行动赢得企业的认可。

2. 拈轻怕重的心态

大学生在入职前要克服畏难情绪，在接受任务安排时不能拈轻怕重、避难就易。对于基层一线的苦活累活脏活，想方设法回避，或者尽可能少做、不做，选取轻巧容易的事情完成，不仅对能力提升没有帮助，而且会给人留下缺乏担当、难堪大任的印象，对于职业发展是极为不利的。

3. 好高骛远的心态

大学生入职前要树立"从零开始"的心态，找准自己的位置，从头做起，学习同事的经验，避免眼高手低。如果看似普通的工作不愿意做，光鲜体面的工作又难以胜任，自命不凡却能力不足，那么职业发展将遭遇很多困境。

4. 消极逃避的心态

消极逃避，即遇到问题不想办法、不主动面对，反而花尽心思找客观原因，尽可能与自己撇清关系。大学生在入职前要极力规避此种心态，即使在工作中出现失误，也是一种成长和进步，要想办法改进和完善，事后做好总结和复盘；对于领导和同事的批评要虚心接受，明白"忠言逆耳利于行"的道理，避免遇到一丁点挫折就不干了，甚至把单位"炒"了的极端做法。

5. 患得患失的心态

如果过于在乎得失，甚至不惜牺牲一切代价追求个人利益的最大化，则终将被用人单位所摒弃。大学生在入职前要学会辩证看待得失，在单位里、集体中不要锱铢必较、斤斤计较，更不得因为自己的期望和诉求一时没有得到满足而消极怠工。不要过分纠结"别人应该怎样对我"，而是认真思考"我应该怎样对待别人"。

三、入职后要做的五件事

新人入职后要想快速适应环境、进入工作状态，可以尝试从以下五件事入手。

1. 了解要求

主动和直属领导沟通，了解自己在试用期的工作任务和转正评估的具体要求。

2. 熟悉同事

主动向部门的同事介绍自己，并认真记住每一个同事的姓名和进入企业的时间，锁定一到两个愿意帮助新人的同事，以便请教工作问题。

3. 积极工作

面对明确的工作任务时，积极的工作态度体现在：接到任务后不等待、不推诿，第一时间拆解目标、规划步骤，遇到卡点主动查阅资料、请教同事，而非被动等待指示。例如，负责项目资料整理时，不仅按要求完成基础分类，还会主动标注重点数据、补充关联信息，让成果更具实用价值。这种"多走一步"的实践，远比空谈态度更有说服力。

4. 定期复盘

争取每日主动和领导交流10分钟，让领导知道自己在工作中的问题和想法；月末将本月遇到的问题和解决方法总结成月报发送给领导，并主动汇报本月的收获和下月的目标。

◆◆◆ **活动探索**

上班第一天的准备

假设你刚刚找到一份实习工作，上班的第一天，你将如何适应工作环境并表现自己？

仪容仪表要做到：＿＿＿＿＿＿＿＿＿＿＿＿＿＿＿＿＿＿＿＿

和同事相处要注意：＿＿＿＿＿＿＿＿＿＿＿＿＿＿＿＿＿＿＿

和领导相处要注意：＿＿＿＿＿＿＿＿＿＿＿＿＿＿＿＿＿＿＿

一天的时间管理：＿＿＿＿＿＿＿＿＿＿＿＿＿＿＿＿＿＿＿＿

一天的任务管理：＿＿＿＿＿＿＿＿＿＿＿＿＿＿＿＿＿＿＿＿

5.3 应对职场变化与挑战的方法

任务设置

　　小王与小李是同届大学毕业生，两人同时进入一家大型企业工作。两人的起点一样，但是小王的工作原则是把工作做完就行，而小李的工作原则是不仅要把工作做完，还要把工作做好。一年后，小王在工作考核中被评为合格，保留原职位；小李则被评为优秀，并被提职。

　　【角色扮演】

　　第一幕：拟定邀请函

　　场景：公司办公区。

　　道具：电脑、打印机。

　　人物：小王、小李、经理。

　　内容：经理给小王和小李同样安排了准备邀请函的任务。小王上网找了一个邀请函模板，以此为基础撰写了一份邀请函，呈给经理。然而，经理对这一结果并不满意，要求他重新撰写。相比之下，小李不仅仅是去网上寻找模板，还观看了相关的视频教程，甚至请教了同事的意见，写了三个版本的邀请函，呈给经理。经理选中了其中一份，表示满意。

　　第二幕：发电子邮件

　　场景：公司办公区。

　　道具：电脑、邮件软件、手机。

　　人物：小王、小李、客户。

　　内容：小王按照经理分配给他的客户名单，将邀请函作为附件，通过电子邮件发送给了客户。但没有进行进一步的确认。小李也发送了邀请函，并给邮件设置了已读回执。此外，小李还给每个客户打电话，告知他们邀请函已经发送，向他们确认是否收到。对于邮箱有变动的客户，小李及时修改了邮箱信息，并重新发送了邀请函。

　　【讨论】首先按小组讨论，然后各小组派代表发表本小组的看法。

任务学习

一、理智面对冷遇

　　部分大学生走上工作岗位后可能会遭受冷遇。要想从遭受冷遇的困境中挣脱出来，就要学会理性分析、正确对待。首先要从自身找原因。一般来说，大学生在工作中受到冷遇主要有以下几个方面的原因：①好高骛远，小事不愿做，大事又做不好；②对工作挑肥拣瘦，拈轻怕重；③过于看重个人得失，不思奉献；④缺乏责任心，敷衍了事，不能完成领导交代的任务；⑤没有摆正个人与集体、事业与家庭的关系。

找到原因后就要寻找摆脱冷遇的方法，既不能怨天尤人，也不能悲观失望、自暴自弃，要通过自身的努力尽快化解矛盾，摆脱遭受冷遇的困境。

二、正确看待挫折

不论从事何种工作，遭受挫折总是在所难免的。面对挫折，一定不要失去内心的平衡，而要积极想办法让自己从挫折中走出来，可从以下几个方面入手。

1. 积极进行自我调节

一帆风顺固然可喜，但遇到挫折也不要灰心，这一次挫折也许就是下一次成功的开始。只要看准目标，扎扎实实、一步一个脚印地走下去，我们就会成功。将消极情绪转化为积极情绪；加倍努力工作，以实现预定目标；改变工作方法，调整工作重点，以提高工作效率。除此之外，减少挫折感的方法还有很多，如宣泄法、心理咨询法等。

2. 敢于面对问题

遭受挫折并不可怕，可怕的是不敢面对现实中的问题。战胜挫折的关键是把自己定位为问题解决者，而不是让自己成为问题的一部分。在遭受挫折后，可以问自己以下四个问题。

问题到底是什么？——寻找问题所在。

出现问题的原因是什么？——反思根源。

可能的解决方案有哪些？——思考对策。

哪些是最佳解决方案？——选择决策。

找准以上四个问题的答案，努力去解决问题，我们就能够战胜挫折，迎来曙光。

三、努力钻研业务

对于涉世尚浅、经验不足的大学生来说，工作中出现某些差错和失误是在所难免的，但这并不意味着可以理所当然地出错。在实际工作中，应该尽可能地避免差错和失误，努力钻研业务，以很好地履行职责。要想避免工作中出现差错和失误，可以从以下两个方面入手。

1. 结合理论知识和业务实践

要明白，学历、知识不等于能力，知识只有应用于实践，才可能转化为能力。不断将理论知识和业务实践结合起来，才有利于尽快提高业务能力。

2. 加强薄弱环节

每个人都有自己的优点和缺点，而缺点往往是影响职业发展的主要障碍。因此，在具体的工作中要注意克服自己的缺点，补强薄弱环节。

◆◆◆ 活动探索

从"做完"到"做好"——任务实践中的积极行动对比

一、活动准备

材料：简易任务卡（如"写一条班级活动通知""整理 3 道课后习题答案"）、便签纸。

环境：自由分组就坐即可。

二、活动流程

（一）案例引入

学生阅读任务设置中小王和小李的案例，教师提问："同样的任务，'做完'和'做好'差在哪里？"引导学生初步思考。

（二）任务实践

各小组抽一张任务卡，先用 3 分钟讨论"如何快速做完"，写在 1 张便签上。

再用 7 分钟讨论"如何做得更完善"（比如通知加一个温馨提示，习题答案标注重难点），写在另一张便签上。

最后用 5 分钟快速呈现两份方案的核心差异。

（三）分享与总结

每组派代表用 1 分钟说说"做好"比"做完"多了哪些行动（如多查了一个信息、多考虑了一个细节）。

教师总结：积极工作就是在任务中多一份主动思考、多一点细节关注，从"达标"到"超出预期"。

学生用 1 句话在便签上写下"自己认为最简单的积极工作做法"，贴在桌前。

体验式教学：职业生涯发展报告及 PPT 的撰写与指导

活动名称：人工智能时代与我的职业生涯发展

活动步骤：

（1）各位同学根据职业生涯规划大赛的通知要求撰写职业生涯发展报告。

（2）各小组开展自评初赛，选出一人参加班级决赛。

（3）决赛选手通过视频展示和 PPT 讲解来呈现自己的报告内容。

（4）教师及学生代表担任评委，针对决赛选手的展示进行提问及评分，评分标准如表 5-2 所示。

（5）各小组展演结束后，教师进行课堂引导，让学生深刻领会人工智能对未来职业发展的影响，树立正确的成才观、就业观，提高生涯规划意识和规划能力，把个人理想融入国家发展大局，努力做走在时代前列的奋进者、开拓者。

表 5-2　决赛评分标准

评分内容	具体要求	分值
视频展示	选手自行制作不超过 2 分钟的自我介绍视频，展示个性风采。要求画面流畅，声音清晰，形象生动	10 分
PPT 讲解	选手通过 PPT 讲解自己的个性特质、职业目标、生涯发展规划等。讲解时间不超过 5 分钟	60 分
现场问答	评委根据选手的展示、讲解内容进行提问，每名选手回答 1~2 个问题	30 分

活动指导：

一、职业生涯发展报告撰写

（一）框架与要点

1. 封面

包含报告标题、姓名、专业、班级、日期等信息，设计简洁大方，突出主题。

2. 目录

清晰列出报告各章节的标题及对应页码，方便读者快速查阅内容。

3. 自我认知

（1）职业兴趣：阐述自身兴趣类型，结合具体事例，说明兴趣如何影响职业倾向。例如，喜欢动手操作、解决实际问题，所以倾向于选择机械制造、工程技术类职业。

（2）职业能力：通过技能评估、成就事件分析等方式，梳理专业知识技能（如护理专业的护理操作技能、电子商务专业的数据分析技能）、可迁移技能（沟通、组织、问题解决能力等）和自我管理技能（责任心、耐心、抗压力等），明确自身优势能力与待提升能力。

（3）职业价值观：利用价值观澄清问卷等工具，确定自己在职业中最看重的因素，如成就感、工作−生活平衡、社会地位等，并结合案例解释其重要性。比如，认为工作的社会价值至关重要，希望从事公益、教育类职业，为社会做出贡献。

4. 职业环境分析

（1）行业分析：选择目标行业，从行业现状（市场规模、发展趋势）、政策支持、未来前景等方面进行分析。例如，新能源汽车行业在"双碳"目标推动下，市场需求增长迅速，技术创新不断，发展潜力巨大。

（2）职业分析：针对目标职业，分析其工作内容、任职要求、薪资待遇、晋升路径等。以软件开发工程师为例，需掌握编程语言，具备项目开发经验，随着经验积累可晋升为技术主管、架构师等。

（3）企业分析：若已有目标企业，介绍企业背景、企业文化、发展战略、人才需求等。如华为和字节跳动等企业非常注重创新和团队协作，对具有创新思维和较强学习能力的人才需求较大。

（4）SWOT 分析：综合自我认知与职业环境分析，总结该职业的优势（Strengths）、劣势（Weaknesses）、机会（Opportunities）和威胁（Threats），清晰呈现职业发展的内外部形势。

5. 职业目标与规划

（1）职业目标确定：依据前面的分析，运用 SMART 原则设定职业目标。例如，短期目标（1~2 年）为掌握 Java 编程语言、获得初级软件工程师证书，中期目标（3~5 年）是成为项目负责人，长期目标（5~10 年）是成为技术总监。

（2）职业路径规划：绘制职业路径图，展示从当前状态到实现职业目标的阶段性发展路线，包括每个阶段的时间节点、主要任务和预期成果。

（3）实施计划制订：制订详细的实施计划，涵盖学习计划（课程学习、证书考取）、实践计划（实习、项目参与）、能力提升计划（培训、阅读、社交活动）等，明确具体行动步骤和时间安排。

6. 备选方案

考虑职业发展过程中可能出现的变化（如行业衰退、个人兴趣转移），制订备选职业目标和规划，确保职业发展具有灵活性和适应性。

7. 评估与调整

设定评估周期（如每年一次），明确评估指标（如目标完成度、技能提升情况、工作满意度），以便根据评估结果及时调整职业目标和规划，适应不断变化的内外部环境。

8. 结语

总结职业生涯发展报告的核心内容，表达对未来职业发展的信心和期待。

（二）注意事项

1. 结构要严谨，焦点要明确

职业生涯发展报告应简洁明了、用词精确、表达通顺、逻辑清晰，避免过于宽泛、空洞无物、杂乱无章、缺乏逻辑性、语法错误和错字频繁，同时避免过分感性、缺乏理性分析，还要避免沉闷乏味、缺乏活力。应紧扣职业目标这一核心线索，确保论述的逻辑性和条理性。重点关注自我评估、环境分析和目标实施等方面。

2. 数据收集要全面、精确

在自我评估的过程中，避免过分依赖职业测评工具。一些经典的职业测评虽然具有较高的可信度和有效性，但往往缺乏对结果的深入解读，也可能受到个人偏好的影响，导致解读的结论出现偏差。因此，在自我认知的过程中，应采取多元化的方法，综合测评工具、个人反思、他人反馈等，以获得全面而准确的自我理解。同样，在分析职业环境时，也应通过多种途径搜集信息，如网络搜索、阅读书籍、与行业人士交流等，确保分析的科学性和结论的可靠性。

3. 职业目标要切实可行

设定职业生涯目标时，必须考虑个人的实际情况，不能脱离现实，这是许多学生在规划职业生涯时常见的误区。职业目标不应过于理想化，而应遵循兴趣、特长、市场需求和个人利益相结合的原则，要认识到兴趣与能力、能力与社会需求之间存在差异。在影响职业发展的众多因素中找到平衡点，这样的职业目标才具有实际意义。职业生涯规划成功与否，在很大程度上取决于目标的正确性、适宜性和可实现性。

4. 计划执行要聚焦大学时期

职业目标的实施策略应具有现实可操作性，这也是评估职业生涯发展报告质量的关键指标。在分解目标和选择实现路径时，应有明确的理由和依据，不仅要注重时间上的同步性和连续性，还要关注功能上的因果关系和递进性。此外，应将职业规划的重点放在大学阶段，注重首次就业准备方面的工作。

二、PPT 制作要点

（一）整体设计

（1）主题风格：选择简洁、专业的模板，色彩搭配要协调，避免过于花哨。色调可根据职业特点选择，如科技行业可选用蓝色、灰色为主色调，教育行业可选用温暖的橙色、黄色。

（2）字体：标题、正文使用清晰易读的字体，保持大小、颜色一致，增强视觉连贯性。

（二）内容呈现

（1）封面页：展示 PPT 标题、姓名、专业等信息，搭配与职业相关的背景图，吸引观众注意力。

（2）目录页：以简洁的图标和文字呈现 PPT 主要内容，方便观众了解整体框架。

（3）自我认知页：

用图表展示职业兴趣测试结果，直观呈现兴趣类型占比；

以技能树、能力雷达图等形式展示职业能力，突出优势与不足；

通过关键词、短句概括职业价值观，结合案例图片辅助说明。

（4）职业环境分析页：

行业分析：使用数据图表（柱状图、折线图），展示市场规模、增长趋势，引用权威数据增强说服力。

职业分析：采用对比表格，罗列目标职业与其他相关职业的差异，重点标注任职要求和发展前景。

企业分析：插入企业标志、办公环境图片，简要介绍企业特色。

SWOT 分析：制作成四象限图，清晰展示各项因素。

（5）职业目标与规划页：

职业目标：用时间轴呈现短期、中期、长期目标，标注关键时间节点和成果。

职业路径图：以流程图形式展示发展路线，添加动画效果，逐步呈现。

实施计划：分模块展示学习、实践、能力提升计划，用进度条表示。

（6）备选方案页：简要说明备选职业目标的背景和规划，对比与原目标的差异。

（7）评估与调整页：用甘特图展示评估周期和调整计划，强调动态规划的重要性。

（8）结束页：总结核心观点，表达感谢，可搭配激励性语句或与职业目标相关的图片。

（三）演示技巧

（1）精简内容：避免文字堆砌，每页以关键词、短句为主，通过加粗、变色突出重点内容。

（2）适度添加动画：合理运用动画效果（如淡入、擦除），增强演示趣味性，但不宜过于频繁。

（3）配合讲解：提前撰写演讲稿，练习讲解节奏，确保 PPT 内容与讲解紧密结合，避免照本宣科。

（4）设计互动：适当设置提问、讨论环节，引导观众参与，优化展示效果。

第6章 实践案例与体验分析

学习目标

【知识目标】

1. 掌握职业规划常见问题的理论成因，分析规划僵化的根源；

2. 理解职业规划的五个阶段，能准确阐述自我认知、职业认知、确定目标和路径、实践、反馈调整各阶段的核心要点与相互关系。

【技能目标】

1. 具备案例分析与改编能力，能够从成功的职业规划案例中提炼关键要素，并根据不同专业和背景进行改编，设计有针对性的职业路径；

2. 提升问题解决能力，针对职业规划中的常见问题，可灵活运用职业测评工具、信息调研方法等，独立提出切实可行的解决方案。

【素质目标】

1. 树立积极主动的职业规划意识，深刻认识职业规划对个人发展的重要性，主动探索自身职业方向；

2. 培养创新素质，善于总结经验教训，不断反思改进，并在小组协作中有效推进活动实施。

6.1 成功职业规划案例展示与讨论

任务设置

小林是某高职院校机电一体化专业的学生，入学时因高考失利而缺乏自信，对专业兴趣不大。大一暑假参加校企合作项目"智能制造暑期训练营"后，发现自己对工业机器人调试产生了浓厚的兴趣。他对之后三年的大学生活制订了如下计划：

专业学习：选修 PLC 编程、工业机器人应用等课程，考取中级电工证书；

实践积累：加入学校智能装备创新小组，参与企业生产线改造项目；

职业衔接：通过顶岗实习进入本地龙头制造企业，毕业后成为调试工程师。

请思考：

1. 小林职业规划的关键转折点是什么？

2. 他的哪些行动体现了"目标导向"和"动态调整"？

任务学习

下面来看两则职业生涯规划的成功案例。

案例一：从高职生到跨境电商运营主管的 5 年成长之路

案例主角：小桐

院校专业：某职业技术学院国际贸易实务专业 2019 年入学，2022 年毕业。

性格标签：外向主动、目标感强、抗压能力佳。

家庭背景：父亲为中学教师，母亲为超市收银员，支持女儿自主择业，但希望工作稳定。

（一）规划原点：迷茫与觉醒（高中→大一）

1. 高考失利后的自我怀疑

关键事件：高考分数仅达专科线，放弃复读，选择本地高职院校。入学初期认为专科生就业难，对专业课程（如国际商法）兴趣低迷。

转折点：参加新生职业规划讲座，听到专科生也能通过技能突围的案例（如某学长获全国职业技能大赛冠军后被企业高薪录用），开始反思被动抱怨不如主动规划。小桐的职业启蒙的三次尝试如表 6-1 所示。

2. 职业启蒙：兴趣探索的三次尝试（大一上学期）

表 6-1　职业兴趣探索

尝试方向	具体行动	结果与反思
外贸业务员	参加外贸单证模拟实训课程，因流程烦琐、需极度细心（与外向性格冲突），实训成绩仅获 75 分。	发现不适合重复性事务工作，排除传统外贸岗位。
跨境电商运营	观看纪录片《中国跨境电商风云》，了解到有"90 后"运营总监年薪超 30 万； 用零花钱在淘宝开设跨境美妆小店（代运营模式），2 个月成交 15 单，利润 300 元。	对选品、营销环节感兴趣，但缺乏供应链资源，决定聚焦平台运营赛道。
英语教师	尝试做中小学生英语家教，因经验不足，家长满意度低，放弃。	确认兴趣不在教育行业，回归专业相关领域。

（二）在校规划：精准执行与资源整合（2020 年 1 月—2022 年 6 月）

1. 能力构建："专业+技能+实战"三维模型

2. 关键行动时刻表

小桐的关键行动在大一寒假至大三下学期这一段时间（表 6-2）。

表 6-2　关键行动时刻表

时间	核心任务	量化指标	资源与挑战
大一寒假	自学跨境电商基础	完成 30 节阿里巴巴国际站线上课程； 整理 100 个跨境电商常用术语。	免费课程资源（阿里巴巴外贸学院）。
大二上学期	参加全国跨境电商大赛	作为社交媒体组组长，策划 10 条 TikTok 短视频，单条最高播放量 12 万； 团队获省级二等奖，个人获"最佳营销创意奖"。	指导教师每周 2 小时一对一辅导。

续表

时间	核心任务	量化指标	资源与挑战
大二暑假	外贸公司实习（转折点）	主动申请从单证岗转至电商部，独立负责50款餐具产品上架； 发现传统外贸转型跨境电商的痛点：缺乏新媒体运营人才。	用大赛获奖经历说服人事调整岗位。
大三上学期	主攻TikTok直播运营	每周直播3次（凌晨2点—4点，对应美国时区），单场观看峰值从50人提升至800人； 参加某机构跨境直播实战营，掌握直播话术、流量投放技巧。	协调同学帮忙录制、剪辑、解决设备不足问题。
大三下学期	求职冲刺	投递80份简历，聚焦"跨境电商+直播"岗位； 面试15家企业后，选择本地成长型公司海创科技（薪资6 000元/月，提供TikTok运营培训）。	利用学校就业导师制模拟面试5次。

（三）职场进阶：从执行到管理的蜕变（2022年7月—2027年6月）

1. 试用期：用数据证明价值（2022年7—12月）

发现公司东南亚市场TikTok账号内容同质化严重，提出"本土化人设"策略。

（1）人设定位：打造"中国小姐姐带你逛东南亚"形象，结合当地节日策划"中国礼品推荐"系列视频。

（2）数据提升：3个月内，粉丝数从8 000人增长至5.2万人，视频平均播放量从2 000提升至5万以上，带动相关产品订单量增长220%。

（3）心理挑战：遭部分质疑专科生能力的老员工轻视，用连续3个月"月度最佳新人"的成绩扭转偏见。

2. 独立期：从执行者到决策者（2023年1月—2024年12月）

负责家居用品产品线（年预算200万元），通过谷歌趋势发现智能香薰机在欧美市场的搜索量年增150%，果断申请调整选品方向。

（1）选品逻辑：低价引流款（基础香薰机，售价19.99美元）+高价利润款（智能联动款，售价59.99美元）。

（2）供应链优化：说服领导与深圳代工厂合作，将采购成本降低18%，毛利率提升至45%。

（3）团队协作：协调设计部（优化产品包装）、物流部（缩短交货周期）、客服部（整理常见问题话术），形成跨部门协作流程。

3. 管理期：带领团队突破增长瓶颈（2025年1月—2027年6月）

2025年公司拓展欧美直播业务，因过往具有TikTok运营经验，越级晋升为直播运营主管（跳过资深专员层级）。

管理策略：

（1）人才培养：为团队成员制订能力短板提升计划。

①内向型成员：负责后台数据分析，避免直接面对镜头。

②外向型成员：主攻主播岗位，搭配直播助理角色减轻压力。

（2）数据驱动：建立直播效果评估模型，从"观看时长≥3分钟占比""评论互动率""加购转化率"等10个维度量化考核。

（3）风险应对：2026年TikTok美国站政策收紧，及时调整策略。

①开拓Instagram Reels、YouTube Shorts等替代平台。

②布局"独立站+私域流量"，将30%流量导入WhatsApp社群，复购率提升15%。

（四）规划调整：从创业梦到职业经理人的认知升级

1. 发现原规划问题（2024年）

原计划毕业5年后自主创业，但积累2年行业资源后发现如下问题：

①创业需至少50万元启动资金（现有存款25万元），家庭无法支持；

②自身擅长执行落地而非全盘统筹，在模拟创业沙盘游戏中暴露出风险评估不足等问题。

2. 新路径选择（2025年）

（1）绘制"决策平衡单"（权重：稳定性40%、成长空间30%、风险20%、社会价值10%），见表6-3。

表6-3　决策平衡单

选项	稳定性（40%）	成长空间（30%）	风险（20%）	社会价值（10%）	加权总分（1~5分制）
继续打工晋升	★★★★☆ （4.5分）	★★★☆☆ （3.5分）	★★★★☆ （4.5分）	★★☆☆☆ （2.0分）	3.95
裸辞创业	★★☆☆☆ （2.5分）	★★★★☆ （4.5分）	★☆☆☆☆ （1.0分）	★★★☆☆ （3.5分）	2.9

【评分说明】

星级对应分数：★★★★★=5分，★★★★☆=4.5分，★★★☆☆=3.5分，★★☆☆☆=2.5分，★☆☆☆☆=1.0分

计算方式：各项得分×对应权重后求和

继续打工晋升：4.5×40% + 3.5×30% + 4.5×20% + 2.0×10% = 3.95

裸辞创业：2.5×40% + 4.5×30% + 1.0×20% + 3.5×10% = 2.9

（2）参加职业经理人特训营，系统学习OKR管理、财务报表分析，明确转型跨境电商职业经理人的路径。

你获得的启发：

_____

_____

_____

案例二：从车间学徒到技术主管的突破之路

案例主角：周昊

院校专业：某职业技术学院新能源汽车技术专业（专科），2021年入学，2024年毕业。

性格特点：逻辑思维强，动手能力突出，对机械构造充满好奇，乐于接受新挑战。

家庭背景：父亲是汽修厂技师，在其影响下从小对汽车感兴趣。家庭经济条件一般，期望通过学习一技之长改善生活。

（一）规划背景：从兴趣萌芽到目标锚定

1. 专业选择的偶然与必然（2021年）

高考填报志愿时，周昊偶然了解到"双碳"目标下新能源汽车行业的广阔前景，加上父亲的从业经验，他最终选择了新能源汽车技术专业。入学初期，他虽然在"动力电池管理系统""电机驱动与控制"等课程上感到吃力，但在拆装新能源汽车模型的实践课上展现出极强的动手天赋，首次独立完成车载充电机的拆解与组装就得到了老师的表扬，这让他坚定了深耕专业的决心。

2. 职业认知与方向确定

通过参加校企合作举办的新能源汽车技术前沿讲座，周昊了解到，我国新能源汽车产销量连续多年位居全球第一，2025年预计渗透率超50%，电池技术迭代、智能网联化成为行业发展关键方向；新能源汽车维修技师、电池检测工程师、充电桩运维专员等岗位人才紧缺，企业更青睐具备"理论+实操"能力，并持有高压电操作证、新能源汽车维修专项技能证书的复合型人才。

结合自身优势与行业需求，周昊将自己的职业目标设定为新能源汽车高压系统维修技术专家，并制订分阶段规划：

短期目标（在校期间~毕业后1年）：掌握新能源汽车核心系统原理，考取电工证与新能源汽车维修中级证书，进入品牌4S店或车企售后部门实习、就业。

中期目标（毕业后2~5年）：积累复杂故障诊断经验，晋升为技术主管，主导技术培训与维修标准制订。

长期目标（毕业5年以上）：成为区域新能源汽车维修领域权威，参与行业技术标准修订，探索电池回收与再利用技术研发。

（二）规划实施：分阶段成长

1. 在校期间：技能锤炼与资源积累（2021年9月—2024年6月）

周昊将大学三年的核心任务进行了分解（表6-4）。

表6-4 职业核心任务分解

时间	核心任务	具体行动与成果
大一	夯实理论基础，培养实践能力	每天课后在实训室练习使用工具，周末参与新能源汽车科普社团，制作科普短视频并获校级创新奖； 新能源汽车高压安全与防护课程成绩位列专业前5%
大二	参加技能竞赛，深化技术认知	组队参加全国职业院校技能大赛"新能源汽车技术与服务"赛项，主攻动力电池故障诊断模块； 赛前3个月每日训练8小时，模拟电池热失控、电机异响等复杂故障场景，最终获得二等奖
大三	顶岗实习与就业冲刺	进入比亚迪4S店实习，主动申请参与高压系统维修项目，累计独立完成50台次以上的车辆电池检测与充电机维修； 凭借竞赛获奖经历与实习表现，毕业后顺利转正，成为售后技术部正式员工

2. 初入职场：经验沉淀与技能升级（2024 年 7 月—2025 年 12 月）

快速适应岗位：正式入职后，周昊利用业余时间整理出《新能源汽车常见故障代码手册》，总结出"望（观察仪表盘）、闻（检测电路异味）、问（询问车主故障表现）、切（读取数据流）"四步诊断法，将平均维修时长缩短 20%。

考证进阶：工作半年后，考取高压电工作业证，并通过企业内部考核，获得高级维修技师认证。

3. 中期突破：从执行者到管理者（2026 年 1 月—2029 年 12 月）

技术攻坚：2026 年，某客户的电动汽车出现行驶中突然断电的疑难故障，周昊通过分析 BMS（电池管理系统）数据，发现是电池模组连接片氧化导致接触不良，提出更换连接片并改进散热方案，彻底解决了问题。该案例被企业纳入维修案例库。

转型管理：2027 年，因技术能力突出，晋升为售后技术主管，负责团队培训与维修流程优化。主导编写《新能源汽车高压系统维修标准化操作指南》，使团队维修效率提升 30%。

持续学习：攻读汽车工程与技术专业成人本科，系统学习电池化学、智能网联汽车技术等课程，参与企业"退役动力电池梯次利用"研发项目。

（三）规划调整：应对行业变革与个人发展

1. 行业技术迭代的应对

2028 年，固态电池技术逐步商用，周昊意识到传统锂电池维修技术面临升级需求。他主动申请参加"固态电池系统原理与维修"高级研修班，回企业后组建专项技术小组，提前储备固态电池维修技术，为企业抢占市场先机。

2. 职业方向的拓展

原计划深耕一线技术岗位，但在参与企业技术培训与行业标准研讨的过程中，周昊发现自己在技术传播与团队管理方面具备潜力。他调整规划，计划考取汽车维修高级技师资格，未来向"技术管理+行业培训"双方向发展，筹备开设新能源汽车维修技术培训工作室。

你获得的启发：

_____

_____

◆◆◆ 活动探索

案例改编与小组辩论

1. 活动目标

通过改编案例和辩论，理解职业规划的灵活性与核心逻辑。

2. 活动步骤

（1）案例改编：将任务设置中小林的专业改为"电子商务"，背景改为"农村生源"，小组重新设计其职业路径（如跨境电商运营、农产品直播带货等）。

（2）辩论环节：

正方：职业规划应先定目标，再逐步执行；

反方：职业规划应边探索边调整，灵活应变。

辩论方向：

_____

辩论材料搜集：

_____

（3）成果输出：每组将为小林重新做出的职业生涯规划分享到班级群内。

6.2　职业规划中的常见问题与解答

任务设置

课前通过匿名问卷的形式收集高职生关于职业规划的问题，例如：

"专业冷门，担心就业，是否需要转专业？"（新闻传播专业学生）

"家里希望我考公务员，但我想创业，如何选择？"（市场营销专业学生）

"实习岗位与专业不对口，会不会影响职业发展？"（物流管理专业学生）

将收集到的问题写在表6-5中。

表6-5　高职生关于职业规划的问题

序号	问题	专业

请思考：

你是否有类似困惑？这些问题背后反映了哪些职业规划误区？

任务学习

一、目标迷茫：找不到职业方向

（一）问题表现

许多高职生在进行职业规划时，对自己的兴趣、能力缺乏清晰认知，也不了解行业和职业的发展现状，导致职业目标模糊。有的学生盲目跟风热门专业或职业，却未考虑自身适配性；有的则因高考失利、专业调剂等原因，对未来感到迷茫，不知道自己适合从事什么工作。

（二）理论解析

（1）自我认知缺失：依据"人职匹配"理论，个人的兴趣、能力、性格等特质与职业要求相匹配，才能实现职业的稳定发展。高职生若未充分开展自我探索，就难以找到适配的职业方向。例如，对机械构造不感兴趣的学生，虽然新能源汽车行业前景广阔，也难以在该领域长期发展。

（2）职业信息不对称：职业世界复杂多样，高职生如果缺乏有效的职业信息获取渠道，不了解行业趋势、岗位需求和职业发展路径，就容易陷入迷茫。以新能源汽车行业为例，若学生不了解电池技术迭代、智能网联化等发展方向，就无法精准定位维修技师、电池检测工程师等细分岗位。

（三） 解决策略

（1）深度探索自我：运用职业测评工具，结合过往经历，从兴趣、能力、性格、价值观四个维度剖析自己。例如，喜欢动手操作、逻辑思维强的学生，更适合技术类岗位。

（2）全面认知职业：通过企业调研、行业报告、职业体验活动等途径，收集职业信息。就像周昊通过参加校企合作讲座，了解了新能源汽车行业的发展趋势和岗位需求，从而明确了自己的职业方向。

二、能力不足：难以满足岗位要求

（一） 问题表现

部分高职生虽然确定了职业目标，但在实际学习和求职过程中，发现自身能力与岗位要求存在较大差距。这可能表现为专业知识不扎实、实践技能欠缺、沟通协作等通用能力不足，如同案例中周昊入学初期面对复杂专业课程时的吃力，以及初入职场时需要快速提升维修技能的情况。

（二） 理论解析

（1）教育与职业需求脱节：职业教育的目标是培养符合企业需求的应用型人才，但部分高职院校的课程设置、教学内容未能及时跟上行业的发展步伐，导致学生所学知识技能与企业实际需求不匹配。

（2）学习规划不合理：学生自身缺乏系统性的学习规划，未能针对职业目标制订能力提升计划，或者在执行过程中缺乏自律和坚持，影响能力培养效果。

（三） 解决策略

（1）对标岗位需求深入学习：依据 OBE 理念，将职业目标分解为具体的能力指标。如周昊针对成为新能源汽车高压系统维修技术专家的目标，在校期间考取电工证、参加技能竞赛，工作后持续学习新技术，逐步提升专业能力。

（2）充分利用多元化学习途径：除课堂学习外，积极参与实习、实训、技能竞赛、社团活动等，在实践中积累经验，提升综合能力。同时，利用在线课程、行业培训等资源，拓宽学习渠道。

三、规划僵化：无法应对环境变化

（一） 问题表现

一些高职生在制订了职业规划后，将其视为一成不变的蓝图，当行业技术变革、政策调整或个人情况发生变化时，不懂得灵活调整规划。例如，若周昊未能及时关注到固态电池技术的兴起，仍固守传统锂电池维修技术，可能会逐渐失去职业竞争力。

（二）理论解析

（1）忽视动态发展规律：职业发展是一个动态过程，受到经济、技术、社会等多种因素影响。根据职业发展动态理论，个人需要根据环境变化和自身成长，及时调整职业规划，保持规划的适应性和可行性。

（2）风险意识不足：部分学生缺乏对职业发展中潜在风险和变化的预判能力，没有制订备选方案或调整机制，导致在面临变化时手足无措。

（三）解决策略

（1）保持环境敏感度：定期关注行业动态、政策法规变化，就像周昊关注固态电池技术商用趋势，提前储备相关知识和技能，为职业发展抢占先机。

（2）建立动态调整机制：设定职业规划的阶段性评估节点，结合自我发展和环境变化，及时修正目标和行动方案。同时，规划备选职业发展路径，增强职业规划的灵活性和抗风险能力。

◆◆◆ 活动探索

职业规划"急诊室"

1. 活动目标

通过模拟咨询场景，提升解决实际问题的能力。

2. 活动准备

提前收集真实问题，编写成案例卡（表6-6）。

表6-6 案例卡

序号	问题类型	具体描述

学生分组扮演咨询师与求助者，教师提供帮助。

3. 活动步骤

（1）场景模拟：每组抽取案例卡，咨询师运用理论知识（如决策平衡单、SWOT分析）提供建议，求助者可追问细节。

（2）交叉点评：其他小组针对解决方案提问，如"该建议是否考虑了家庭经济因素"。

（3）教师总结：提炼高频问题解决模型（如"澄清问题→分析原因→匹配工具→制订方案"）。

4. 活动总结

将活动中的解决方案整理成《职业规划"避坑"指南》，在班级群内共享。

6.3 职业规划实践活动的设计与实施

任务设置

李茹和林竹是某高校建筑学专业的同班同学。林竹一直将自己的职业目标定位为当一名出色的建筑师，而李茹并未树立这样的目标，只是按部就班地学习理论知识。当林竹确定了这个目标后，她就非常注意收集与建筑学相关的材料。走在街上会特别注意建筑的风格、结构和特色，并对不同建筑进行比较；外出旅游时一定要去建筑有特色的地方；到了书店会自觉地留意建筑方面的书籍；看电视时也会倾向于选择能了解世界各地建筑风情的节目……不知不觉间，林竹的建筑知识已经非常丰富了。通过积极主动的学习和认真努力的工作，最终，林竹真的实现了自己当初的目标。而李茹由于没有当建筑师这个目标，走在街上时就不太注意建筑，甚至一座很有研究价值的建筑矗立在她面前时，她也会忽略其存在，或者看不到它的价值，只当作一般的房屋……毕业后，李茹成为建筑公司的一名设计人员，后来兴趣和工作重心不断转移，逐渐转到行政管理方面，最后成为该建筑公司的管理人员。

请思考：

1. 李茹和林竹两个人是同班同学，为什么她们的职业轨迹却不相同？

2. 你的职业生涯目标是什么？确立目标后，你会怎么规划自己的职业生涯？

任务学习

科学合理的职业规划要经历以下五个阶段。

一、客观认识自我、准确定位职业——自我认知阶段

进行职业生涯规划，首先要客观全面地认清自我，充分了解自己的职业兴趣、能力结构、职业价值观、行为风格、优势与劣势等。只有正确地认识自己，才能进行准确的职业定位，并对自己的职业发展目标做出正确的选择，选定适合自己的职业生涯路线。客观认识自我，可以从以下三个角度入手。

（1）喜欢干什么——职业兴趣。

（2）能够干什么——职业技能。

（3）最看重什么——职业价值观。

二、评估职业机会，知己知彼——职业认知阶段

每个人都处在一定的社会环境之中，离开了这个环境，便无法生存与成长。只有充分了解周围的环境因素，才能做到在复杂的环境中避害趋利，使自己的职业生涯规划具有实际意义。要更多地了解各种职业机会，尤其是一些热门行业、热门职位对人才素质与能力的要求。只有深入地了解这些行业与职位的需求状况，结合自身特点评估事业发展机会，才能选到可以终身从事的理想职业。对职业机会的评估需要理性，真正做到知己知彼，切忌想当然、对不熟悉的行业和职位抱有不切实际的向往。

三、择优选择职业目标和路径——确定目标和路径阶段

职业生涯规划的核心是确定自己的职业目标和职业发展路径。经过前面两个阶段，个体对自己的优势和劣势有了清晰的判断，对行业的发展趋势和人才素质要求有了客观的了解，才能在此基础上规划符合实际的短期目标、中期目标与长期目标。职业目标的选择恰当与否，直接关系到事业发展的成功与失败。据统计，在选错职业目标的人当中，超过80%的人在事业上发展得不顺利，由此可见，职业目标选择对事业发展是何等重要。确定职业目标时可以从以下五个方面进行考虑。

（1）兴趣与职业的匹配度。

（2）性格与职业的匹配度。

（3）特长与职业的匹配度。

（4）价值观与职业的匹配度。

（5）内外环境与职业的适应性。

确定职业目标后，要选择向哪一条路线发展，如管理路线、专业技术路线，或者先走技术路线，再转向管理路线。在具体的岗位方面也需要做出选择。发展路线不同，要求也不同。进行职业生涯规划时，必须做出适合自己的抉择，以便使自己的学习、工作沿着预定路线前进。

四、终身学习，高效行动——实践阶段

确定了职业生涯的目标和路径后，行动便成了关键的环节。这里的行动，指落实目标的具体措施。例如，为达成职业目标，在工作方面需要采取哪些措施提高效率，在业务能力方面通过学习哪些知识、掌握哪些技能来提高，在潜能开发方面应采取哪些措施等，都要有具体、明确的计划，以便于定时检查。要取得事业上的成功，就需要不断更新知识、提升能力，才能保持自己的职业竞争力，逐步达到自己设定的职业目标。

五、不断评估，合理调整——反馈调整阶段

影响职业生涯规划与发展的因素很多，有的变化因素是可以预测的，而有的变化因素难以预测。要想让自己的职业生涯规划行之有效，就要不断地对其进行评估与调整。职业生涯

规划调整的内容包括：职业的重新选择、职业生涯路线的重新选择、职业目标的修正、实施措施与计划的变更等。

◆◆◆ **活动探索**

我的职业小蓝图——从目标到行动

快速完成一份简易职业规划，明确目标与初步行动；理解目标确立对职业发展的意义。

一、活动准备

材料：简易职业规划表（含目标、行动两栏）、李茹和林竹案例简表、便签纸。

环境：自由分组就坐。

二、活动流程

（一）案例引入

阅读任务设置中李茹和林竹的职业轨迹，教师提问："林竹的职业成功得益于什么？"引导学生关注"明确目标 + 主动行动"。

（二）我的职业规划速绘

学生在简易表上写出以下内容：

1 个短期职业目标（毕业后 2~3 年）；

为实现目标，近 1 年能做的 2 件事（如"学习 ×× 技能""参加 1 次行业讲座"），并进行小组分享；

每人用 1 分钟说说自己的目标和行动，组员用便签写下 1 条建议（如"目标可再具体些"）。

（三）总结

每组选 1 人快速分享本组最有启发的规划。

教师总结：职业规划不用复杂，关键是有明确目标和具体行动，像林竹那样主动积累。

第二部分

就业创业指导

（20课时／10学时）

第 7 章　收集就业信息　立足就业先机

学习目标

【知识目标】

1. 理解就业信息筛选的四大核心原则（真实性、针对性、时效性、全面性），明确各原则在求职过程中的重要意义与应用场景，掌握虚假招聘信息的常见特征及辨别方法；

2. 熟悉就业信息求证的多种方式，包括电话咨询、网络查询、实地考察、人脉问询等，知晓不同求证方式的适用范围与操作要点。

【技能目标】

1. 能够运用信息筛选原则，快速甄别海量就业信息，精准识别虚假信息，高效提取与自身职业目标匹配的有效岗位资源；

2. 综合运用网络、校园、社会等多渠道资源，制订系统的就业信息收集计划，整合不同渠道信息，构建全面、立体的求职信息网络。

【素质目标】

1. 培养严谨、审慎的求职态度，树立信息安全意识，在求职过程中主动规避虚假信息陷阱，保障个人权益不受侵害；

2. 养成良好的信息管理习惯，通过对就业信息的系统归类与持续更新，培养有序、高效的信息处理能力，为未来职业发展奠定基础；

3. 增强主动探索与资源整合意识，善于利用多元化渠道获取就业信息，提升在复杂就业环境中主动把握机会、解决问题的能力。

7.1　就业市场分析与趋势预测

任务设置

通过人物访谈或查找本校官网的方式，了解所学专业上一届学生的就业情况，并进行总结，完成表 7-1。

表 7-1　往届学生就业情况

序号	就业单位	所在岗位
1		
2		
3		

续表

序号	就业单位	所在岗位
4		
5		
……		

你了解到的就业形势如何？面对当今的就业形势，你打算如何做好就业准备？

任务学习

就业形势反映了当前就业市场的整体趋势。当前高校毕业生就业形势日益严峻，大学生应当发扬"不怕苦、不怕累"的优良作风，积极调整自身择业观念；学习"脚踏实地、求真务实"的奋斗精神，努力提升自身职业能力，做到就业过程有条不紊。

一、大学生就业形势

1. 高校毕业生人数逐年增加

随着高等院校不断扩招，我国的高等教育逐渐由精英教育阶段进入普及化阶段。从2015 年开始，我国高校毕业生人数逐年增加，如图 7-1 所示。

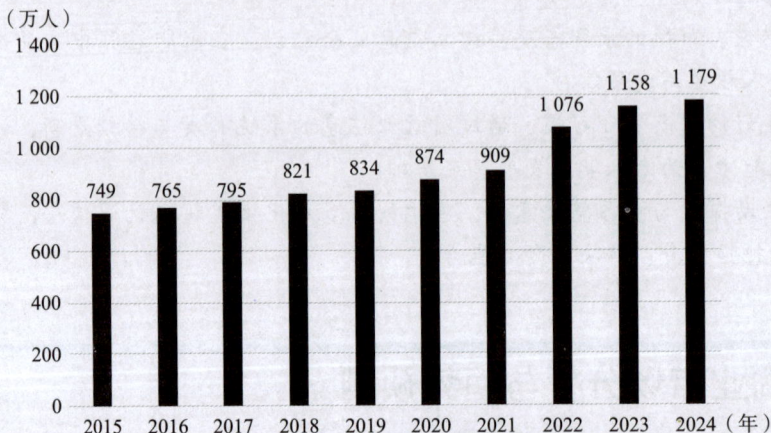

（万人）

图 7-1　2015—2024 年高校毕业生人数

2024 年，全国普通高校毕业生规模达 1 179 万，同比增长 21 万人，加上往届未能就业的毕业生，就业形势依然十分严峻。

2. 就业市场从"卖方市场"步入"买方市场"

在精英教育阶段，高校毕业生的供给小于社会需求，就业市场呈现"卖方市场"特征。当高等教育迈向普及化教育阶段后，高校毕业生紧缺的时代一去不复返，高校毕业生的供给与市场需求逐渐呈现"供需平衡"，直至"供大于求"的状态。大学生就业基本趋于市场化，价格机制在就业市场的调节作用越来越大，在今后一段时间内，高校毕业生就业市场将呈现"买方市场"特征。现在，毕业生层次间的较量是一个较明显的趋势，同层次、同专业毕业生培养质量和特色的竞争将格外激烈。

3. 用人标准由重学历转向重能力

大部分企业在招聘时会对求职者的学历做出硬性要求，求职者学历越高，就业就越容易。但是，随着社会经济的发展，用人单位的择才观念也在发生变化，由原来的看重求职者的学历水平，向注重求职者的实际工作能力和综合素质等方面转变。

调查显示，在用人单位对大学生基本能力的要求中，环境适应能力占65.9%，人际交往能力占56.8%，自我表达能力占54.5%，专业能力占47.7%，外语能力占47.7%。由此可见，能力已成为影响大学生就业最基本、最直接的因素。除了专业能力外，用人单位还提出了明确的非专业能力要求，主要集中在学习能力、表达能力、协调沟通能力、人际交往能力、组织管理能力、适应能力和实践能力等方面。

4. 就业形式由单一化走向多样化

高等教育逐渐步入普及化阶段，带来的不仅仅是受教育人数的变化，还包括培养模式、教学方式、培养目标等一系列的改变，必然导致毕业生就业取向、就业形式的多样化。大学生选择的就业地点有大城市、中小城市、城镇等，就业单位有党政机关、事业单位、国有企业、民营企业等。

5. 冷门专业、热门专业转换快

冷门与热门专业是客观存在的，也是不断变化的。当某一专业的毕业生供不应求时，该专业就可能成为热门专业；当某一专业的毕业生供过于求时，该专业就可能转为冷门专业。由于专业与就业方向密切相关，很多高考生在填报志愿时一味追求当时的热门专业，该专业人数过多，就业时有可能转"冷"；如果选择冷门的专业，由于毕业生数量少，就业时也可能转"热"。

6. 战略性新兴产业受青睐

与"一带一路"建设、京津冀协同发展、长江经济带发展、粤港澳大湾区建设等国家项目相关的行业，对人才的吸引力巨大。电子信息及互联网、机械制造、房地产及建筑等行业对毕业生的需求量大。物联网、智能装备、新材料、新能源汽车等战略性新兴产业对毕业生的需求也呈上升趋势。人工智能、物联网等领域的大热导致大学生求职倾向明显，阿里巴巴、腾讯、百度等成为校园招聘中最受关注的公司，汽车、科技、制造业成为校园招聘的潜力行业。

二、积极应对就业形势变化

在当今竞争激烈的就业市场中，大学生若想脱颖而出、顺利找到理想的工作，需掌握"快、长、多、准"四字诀，积极主动地应对就业挑战。

"快、长、多、准"
四字诀

三、大学生就业政策

大学生是国家宝贵的人才资源，是社会主义经济建设的重要力量。近年来，国家陆续推出多项就业政策，促进高校毕业生高质量充分就业。作为国家建设的重要一员，大学生应把小我融入大我，大力发扬"孺子牛、拓荒牛、老黄牛"精神，坚定理想信念，厚植家国情怀，为国家的建设与发展贡献自己的力量。

（一）基层就业政策

1. "三支一扶"计划

"三支一扶"计划是指通过公开招募、自愿报名、考试选拔、统一安排的方式，招募高校毕业生到基层从事支教、支农、支医和帮扶乡村振兴服务。自 2006 年开始实施，每 5 年为一轮，2021—2025 年正在实施第 4 轮，每年选派高校毕业生 3.2 万名左右。

2. 西部计划

大学生志愿服务西部计划，简称西部计划，是团中央、教育部、财政部、人力资源和社会保障部根据国务院常务会议和全国高校毕业生就业工作会议精神，联合实施的国家项目，是国家重大人才工程"高校毕业生基层培养计划"的子项目，也是引导和鼓励高校毕业生到基层工作的 5 个专项之一。

该计划从 2003 年开始实施，按照公开招募、自愿报名、组织选拔、集中派遣的方式，每年招募一定数量的普通高等学校应届毕业生或在读研究生，到西部基层开展为期 1~3 年的教育、卫生、农技、扶贫等志愿服务。西部计划按照服务内容分为基础教育、服务"三农"、医疗卫生、基层青年工作、基层社会管理、服务新疆、服务西藏 7个专项。

"三支一扶"计划　　　　　　西部计划

> **互动思考**
>
> "大学生村官"是指到农村（含社区）担任村党支部书记、村委会主任助理或其他村"两委"职务的具有大专以上学历的应届或往届大学毕业生，聘期一般为 2~3 年。选聘高校毕业生到村任职，是国家为了推动乡村振兴和基层组织建设而实施的重要政策。
>
> 请自己查找资料，了解大学生村官的选聘条件和优惠政策。

（二）大学生入伍政策

大学生入伍是指部队每年从在校大学生和大学毕业生中招收义务兵，国家鼓励大学生应征入伍服义务兵役，这里的大学生指根据国家有关规定批准设立、实施高等学历教育的全日制公办普通高等学校、民办普通高等学校和独立学院，按照国家招生规定录取的全日制普通本科、专科（含高职）、研究生、第二学士学位的应（往）届毕业生、在校生和已被普通高校录取但未报到入学的学生。征集的大学生以男性为主，女性大学生征集根据军队需要确定。从 2020 年开始，征兵工作改为一年两征，入伍时间调整为 3 月、9 月。

大学生入伍
政策

◆◆◆ 活动探索

撰写《就业形势调研报告》

当前，大学生面临的就业形势瞬息万变。为适应严峻的就业环境，大学生只有时刻关注最新就业形势、就业热点，方能有备无患、积极应对。

1. 确定调研主题和目标

（1）小组讨论：结合自身兴趣和专业背景，讨论当前就业市场的热点话题，例如特定行业/职业的就业前景分析（如人工智能、大数据、新能源等）、不同学历/技能水平毕业生的就业竞争力比较、新兴职业的发展趋势和人才需求。

（2）确定主题：每个小组确定一个具体的调研主题，并明确调研目标，例如了解目标行业/职业的现状和发展趋势、分析目标岗位的任职要求和薪资水平、探究影响就业的关键因素、提出促进就业的建议和对策。

2. 收集和整理资料

利用多种渠道收集相关资料，例如：

（1）官方数据：国家统计局、人社部等官方网站发布的就业报告、行业分析等。

（2）招聘网站：智联招聘、前程无忧等网站发布的招聘信息、行业薪酬报告等。

（3）新闻报道：权威媒体发布的行业动态、专家解读等。

（4）问卷调查：针对目标群体设计问卷，收集一手数据。

对收集到的资料进行整理、分类和分析，提取有价值的信息，完成表7-2。

表7-2 就业形势调查表

序号	行业动态	关键信息	来源渠道	备注

3. 撰写调研报告

按照规范的格式撰写调研报告，包括：

（1）标题：简洁明了，突出主题。

（2）摘要：概括调研背景、目的、方法、主要结论和建议。

（3）正文：

① 引言：介绍调研背景、目的和意义。

② 研究方法：说明数据来源、收集方法和分析方法。

③ 调研结果：详细阐述调研发现，并结合数据和案例进行分析。

④ 结论与建议：总结调研结论，并提出针对性的建议。

4. 展示和评价

（1）小组展示：各小组以PPT、视频等形式展示调研成果，并进行讲解和答辩。

（2）评价反馈：采用教师评价、小组互评等方式，对调研报告和展示情况进行评价，并提出改进建议。

7.2 就业信息渠道与搜集方法

任务设置

结合自身情况，想一想适合你的就业信息搜集渠道有哪些，并完成表7-3。

表7-3 就业信息搜集

序号	搜集就业信息的渠道	与所学专业相关的就业信息

任务学习

大学生可以利用多种信息渠道寻求就业机会。其中，高校毕业生就业指导系统是核心渠道。此外，人才市场、在线招聘平台、各类媒体、目标企业网站、个人人脉网络等也是有效途径。

➢ 一、高校毕业生就业指导系统

作为主要的信息源，该系统由各级、各类就业服务平台组成。

这一系统的特点在于统一性与独立性并存，既形成了一个庞大的、覆盖全国的就业信息网络，又确保了信息的针对性与地域性，为高校毕业生提供了丰富、权威且具有针对性的就业资源。通过充分利用高校毕业生就业指导系统，大学生能够全面了解就业政策、获取最新招聘信息、参与各类就业活动，从而更有针对性地规划自己的求职路径。

1. 高校就业信息网

各院校就业指导部门及院系学工办负责平台的搭建与维护、发布就业政策解读、就业形势分析、校内外招聘信息、招聘会安排、就业指导课程与咨询服务等实用内容，为在校生提供一站式就业支持（表7-4）。

表7-4 高校就业信息网

分类	特点	说明
本校就业指导中心网站	最直接、最具针对性	除学校就业信息网外，还有校内电子公告栏、各类就业QQ群和微信群、供需见面会、专场招聘会等渠道
其他高校的就业信息网	信息全面、针对性强	如寻求中小学教师岗位，可以到重点师范院校的就业指导中心网站查询招聘信息

2. 国家部委主办的就业信息网

教育部、人力资源和社会保障部等国家部委建有专门的网站，以发布就业政策和就业信息。

（1）学职平台（https：//xz.chsi.com.cn/home.action）。该网站是学信网旗下，依托教育大数据搭建的学生、高校和企业三位一体的求职网络平台，针对高校毕业生提供职业测评、职业定位、择业就业等服务。

（2）中国公共招聘网（http：//www.job.mohrss.gov.cn/）。该网站由人社部主办，设有高校毕业生服务专区，提供实习、就业、专场招聘会等信息。

（3）中国国家人才网（http：//www.newjobs.com.cn/）。该网站是由人社部全国人才流动中心主办的人力资源专业门户网站，设有"高校毕业生精准招聘平台"，为毕业生提供免费测评，并进行精准人岗匹配。

（4）24365国家大学生就业服务平台（https：//job.ncss.cn/student/24365）。该网站由教育部主管，全国高等学校学生信息咨询与就业指导中心主办，全国高校毕业生就业网络联盟支持，是为全国大学生提供就业公共服务的立体化平台。该网站集合了各地就业指导部门的信息，可以一站直达各个高校就业信息网及国家推荐的各类综合性网站。

3. 各省市高校毕业生就业信息网

基本上，各省、自治区、直辖市的高校毕业生就业指导中心均建有自己的就业信息网，网站名称一般是：省/自治区/直辖市名+高校就业指导中心/高校毕业生就业信息网。如上海市高校毕业生就业指导中心主办的上海市24365大学生就业综合服务平台（http：//www3.firstjob.shec.edu.cn/pros/identity/student.action），设有招聘指南、招聘会等栏目。各类高校毕业生就业信息网提供的就业信息相对准确、可靠，公益性强，政策信息集中，具有很强的针对性，无论数量还是质量都具有明显的优势。这是毕业生最直接、最有效地获取就业信息的渠道，应加以充分利用。

二、人才市场/人才网站

各级人力资源和社会保障部一般有两个下属机构：人才服务中心和人才市场（有的地区合二为一）。其中，人才服务中心主要负责人事档案代理、人员调动流动及其相关工作，人才市场主要负责人才就业、人才招聘、人才培训等工作。人才市场会定期组织各类专场招聘会，供高校毕业生现场直接投递简历，与招聘单位进行面对面交流。这也是毕业生求职的一条重要渠道。

人才网站是为求职者和招聘企业服务的交流平台，运营主体包括各级人力资源和社会保障部及专注于求职招聘领域的社会企业。目前，国内主要的人才网站如表7-5所示。

表7-5　国内主要的人才网站

分类	网站
综合性人才网站	大街网、BOSS直聘、脉脉、前程无忧（51job）、智联招聘、中华英才网等
特定行业人才网站	万行教师人才网、银行招聘网、外语人才网、科学网、汽车人才网、石油英才网、一览电力英才网、国家电网人力资源招聘平台、建筑英才网、中国建筑人才网、一览路桥人才网、旅游人才网、最佳东方网、服装人才网等
区域性人才网站	上海地区人才网：上海人才服务网、上海公共就业招聘、上海教育人才网、上海人才网、上海国际人才网等； 北京地区人才网：首都人才网、北京人才热线、北京招聘会信息网等； 珠三角地区人才网：南方人才网、华跃人才网、卓博人才网、广东人才网等

三、新闻媒体及社交媒体

广播、电视等新闻媒体，以及微信、微博、论坛等社交媒体，也是大学生获取就业信息和就业指导的重要渠道（表7-6）。

表7-6　新闻媒体及社交媒体渠道的就业信息获取

渠道	就业信息获取
广播、电视	广播、电视节目中经常介绍各地的人才招聘情况，以及各种就业主管机构制定的政策、法规等就业信息，还会推出求职类节目，如《令人心动的offer》《职来职往》等
社交媒体	很多就业网站开通了微信公众号、微博、抖音、小红书、B站（哔哩哔哩）乃至播客等信息发布渠道，通过订阅就可以在手机上快捷查询就业信息。如喜马拉雅音频平台有档名为《天才捕手——打捞带劲的职业故事》的音频节目，由亲历者讲述自己的职业故事

四、目标单位网站

如果有精准的职业定位，明确了解自己想在什么行业从事什么职业，那么最好主动出击。首先进行市场调研，了解目标行业在哪些省份有哪些用人单位。在初步锁定目标行业、目标区域中的用人单位后，可以直接到目标单位的网站查看是否有招聘信息。

五、人脉网络

在求职过程中，构建和利用人脉网络是获取就业信息的重要途径。大学生应当主动利用各种社交渠道，包括教师、亲朋好友、校友等，来搜集就业相关的信息。广泛的社会联系能够帮助大学生发现更多的职位空缺，从而拓宽求职的视野。

◆◆◆ 活动探索

解读招聘广告

活动目的：解读招聘广告中的潜台词。

活动指导：以下面的"青岛某培训学校招聘项目专员"信息为例，了解招聘广告。

青岛某培训学校招聘项目专员

招聘人数：2人

工作地点：山东青岛

发布时间：2025年7月

工作职责：

(1) 负责招生项目的策划和执行，制订招生目标和相应的推广计划；

(2) 跟进潜在学员的咨询、面试与接待工作，解答相关问题并提供有效的建议；

(3) 维护并提升与现有合作伙伴的关系，跟进合作进展，确保项目落地和合作共赢；

(4) 处理日常招生相关的文件和资料，保证相关工作的准确性和及时性，完成上级交办的其他工作。

职位要求：

(1) 大专及以上学历，相关专业优先考虑，如市场营销、教育管理、人力资源管理等；

(2) 一年或以上招生或市场推广相关工作经验，有教育行业从业经验者优先；

(3) 擅长市场调研与分析，能准确把握目标群体需求及市场趋势；

(4) 有较好的数据分析能力，能够收集、整理和分析招生数据，为招生策略制订提供依据。

联系方式：

公司名称：××教育（科技）集团公司

公司电话：0532-×××××××

活动步骤：

(1) 对照工作职责，你觉得自己是否能够胜任这份工作？

(2) 对照职位要求，你觉得自己的条件是否吻合？

(3) 如果应聘该岗位，为了求职成功，你还需要做哪些准备工作？

(4) 结合招聘广告，分析自身的优势和劣势，针对劣势提出相应的解决方案。

(5) 如果能够线上咨询该岗位的更多信息，你打算咨询哪些问题？

7.3 就业信息获取与整合技巧

任务设置

教育部统计显示，2024届高职毕业生就业率达到87.6%，但仍有部分同学因信息渠道单一、缺乏整合技巧而错失就业机会。

大家有没有思考过：同样是高职毕业生，为什么有人能快速获得心仪的职位，有人却在求职路上四处碰壁？其实，除了个人能力，就业信息的获取与整合能力至关重要。想象一下，你身处一座信息迷宫，掌握正确路径的人能快速抵达出口，而毫无头绪的人只能原地打转。

关注微信公众号"国家大学生就业服务平台",找到与自己专业相关的招聘信息,填写表7-7。

表7-7 国家大学生就业服务平台招聘信息

项目	1	2	3	4	5
招聘岗位					
发布时间					
单位名称					
单位性质					
工作地点					
工作环境					

任务学习

一、就业信息筛选原则

在通过各种渠道广泛搜集就业信息后,如何对这些信息进行筛选,从中提取出对自己真正有价值的内容,是求职过程中的关键环节。合理筛选就业信息,能够帮助求职者节省时间和精力,提高求职效率,避免在无效的信息和岗位上浪费资源,从而更精准地找到与自己的职业目标相匹配的工作。下面将从真实性、针对性、时效性和全面性四个方面,深入剖析信息筛选的原则。

1. 真实性:去伪存真

在鱼龙混杂的就业信息中,辨别信息的真实性是首要任务。虚假招聘陷阱层出不穷,稍不留意就可能陷入其中,遭受经济损失,甚至影响个人职业发展。常见的虚假信息特征包括:①招聘单位信息模糊,如没有明确的公司名称、地址、联系方式,或者公司名称听起来像化名;②招聘条件过于宽松,如不限学历、专业,却承诺高薪高职;③要求求职者提前缴纳各种费用,如报名费、保证金、培训费等;④面试环节异常,如面试地点偏僻、面试形式简单随意等。

毕业生可以通过多种方式核实信息的真实性。比如,利用"国家企业信用信息公示系统""天眼查""企查查"等平台,查询招聘单位的注册信息、经营范围、经营状况、社会信用等,看其是否与招聘信息中的描述一致。还可以在搜索引擎中输入公司名称,查看是否有相关的负面新闻或评价,了解该公司在行业内的口碑。此外,若有条件,可向已经在该公司工作的人员或行业内的专业人士咨询,获取第一手信息。若招聘信息是通过网络平台获取的,要注意查看平台的正规性和信誉度,选择知名、口碑好的招聘平台,避免在一些小型、不正规的平台上求职。

2. 针对性:精准匹配需求

根据自身专业、兴趣、职业规划筛选信息,是提高求职成功率的重要原则。每个大学生都有自己独特的专业背景、兴趣爱好和职业目标,只有选择与之匹配的岗位,才能在工作中发挥自己的优势,实现个人价值。如果盲目投递不相关的岗位,不仅会浪费时间和精力,还可能因为缺乏相关技能和知识,在求职过程中被淘汰。

要明确个人需求，可以从以下几个方面入手。首先，深入了解自己的专业知识和技能，明确自己能够胜任哪些类型的工作。例如，计算机专业的学生可以考虑软件开发、数据分析、网络安全等相关岗位，金融专业的学生可以关注银行、证券、保险等金融机构的招聘信息。其次，思考自己的兴趣爱好，将兴趣与职业相结合，能够提高工作的积极性和主动性。如果对写作有浓厚的兴趣，那么可能适合文案策划、编辑、记者等岗位。最后，结合自己的职业规划，确定短期和长期的职业目标。比如希望在未来 5 年内成为一名项目经理，那么在选择岗位时，就应优先考虑那些能够积累项目管理经验、提升综合能力的职位。在筛选信息时，要仔细阅读招聘信息中的岗位职责、任职要求等内容，判断该岗位是否与自己的需求相匹配。对于不符合要求的岗位，要果断放弃，避免盲目跟风投递。

3. 时效性：把握时机的要点

就业信息的时效性至关重要，关注信息的发布时间和有效期，才能及时抓住求职机会。在就业市场中，岗位信息的更新速度很快，一些热门岗位可能在发布后短时间内就收到大量简历，招聘单位也会迅速筛选并安排面试。如果未能及时获取这些信息，就可能错过投递时机。

为了及时获取最新信息，可以采取以下措施：一是关注各大招聘平台和企业官方网站的更新时间，定期浏览，确保不错过重要信息。例如，一些企业会在每周一或周五集中发布招聘信息，可以在这些时间节点重点关注。二是设置求职信息提醒，在招聘平台上根据自己的求职意向设置关键词，当有符合条件的岗位发布时，平台会及时推送通知。三是参加各类招聘会，招聘会通常会集中发布大量的就业信息，而且现场与招聘人员交流，能够更快速地了解岗位详情和招聘进度。一旦发现合适的岗位，要尽快准备好简历和相关材料，在规定时间内投递申请。同时，要注意招聘信息中的面试时间、地点等细节，提前做好准备，确保能够按时参加。

4. 全面性：拓宽视野

从多渠道获取信息，有助于保证信息的全面性，避免因信息局限而错过更好的就业机会。不同的信息渠道可能会提供不同类型、不同行业的岗位信息，只有广泛收集，才能拓宽自己的求职视野，增加选择的余地。

在整合不同渠道信息时，要注意对信息进行分类整理。可以按照行业、岗位类型、工作地点等维度进行分类，方便对比和筛选。例如，将所有互联网行业的岗位信息归为一类，将市场营销类的岗位信息归为另一类。同时，要对不同渠道获取的相同岗位信息进行核实和对比，确保信息的准确性和一致性。对于一些重要信息，要做好记录和标记，方便后续查阅和跟进。在筛选过程中，不要仅仅局限于自己熟悉或热门的行业和岗位，要敢于尝试一些新兴行业和领域，可能会发现新的职业发展机会。

二、就业信息的求证

对于那些已经筛选过的信息，还要做一些求证工作，以验证自己对于这些就业信息的真实性、时效性和价值性的初步推断是否正确。例如，可以通过电话咨询、网络查询、实地访问等方式了解用人单位各方面的情况，还可以通过对该单位比较熟悉的亲朋好友或学长、校友等了解有关情况，以此来修正和补充相关就业信息。

三、就业信息的归类

为了能更加快速高效地利用这些就业信息，还要对筛选后的信息进行归类。可以从行业、职业、公司、工作地点、薪资范围等维度进行归类，使用 Excel 或其他笔记工具建立一个表格或文件夹，将不同类别的就业信息存储起来。每个大类可以进一步细分为不同的子类，以便更好地管理和查找所需信息。

◆◆◆ **活动探索**

请通过网络渠道、校园渠道、社会渠道搜集与所学专业相关的就业信息，并对收集到的信息进行筛选，在表7-8中记录其中真实有效的信息，或制作成就业信息记录卡。

表7-8　不同渠道的就业记录

渠道类型	具体渠道	招聘岗位	录用条件	薪酬待遇	备注
网络渠道	招聘网站				
	企业官网				
	行业论坛				
校园渠道	校园招聘会				
	学校就业指导中心网站				
	校内公告栏				
社会渠道	人才市场				
	熟人推荐				
	行业展会				

第8章 装点求职门面 叩开职场大门

【知识目标】

1. 全面掌握求职简历的基本内容构成，了解个人基本信息、教育背景、技能证书、实习实践经历、求职意向等模块的具体要求与填写规范；

2. 深入理解简历制作的三大原则（完整性、人岗匹配性、真实性），明晰各原则在简历筛选中的关键作用与评估标准；

3. 准确把握邮件正文求职信与纸质求职信的异同，熟悉电子求职材料因媒介特性而具备的特殊要求与撰写技巧。

【技能目标】

1. 能够依据目标岗位需求，独立完成一份结构完整、重点突出、格式规范的求职简历，运用量化成果与 STAR 法则（情境、任务、行动、结果）精准呈现个人优势与岗位匹配度；

2. 针对不同企业与岗位，灵活调整简历和求职信内容，突出关键信息，删减冗余表述，显著提升求职材料的针对性与吸引力，有效提高简历通过率。

【素质目标】

1. 树立严谨规范的职业态度，深刻认识求职材料真实性的重要意义，杜绝虚假信息，培养诚信求职的职业操守；

2. 养成精益求精的求职习惯，注重求职材料的细节打磨，从内容撰写到格式排版均做到尽善尽美，塑造专业、负责的个人职业形象。

8.1 别具一格的求职简历

任务设置

上网搜索至少 10 份简历，完成求职简历分析表的填写。

要求：

（1）4~6 人一组，每人选择 5 种岗位的求职简历，每种简历不少于 2 份。

（2）通过小组讨论，挑选出最好的 5 份简历，填入简历分析表（表8-1）。

表8-1 简历分析表

岗位名称	企业类型	职业类型	优点	缺点

岗位名称	企业类型	职业类型	优点	缺点

任务学习

一、简历的基本内容

1. 个人基本情况

求职简历包括姓名、性别、出生年月、籍贯、民族、政治面貌、学历、学位、毕业院校、主修专业、毕业时间、健康状况、身高，以及爱好与兴趣等（表8-2）。

表8-2　求职简历

姓名		性别		出生年月		照片
民族		政治面貌		现所在地		
学历		籍贯		绩点/排名		
专业		毕业学校				
联系电话				电子邮件		
英语水平						
计算机水平						
技能清单						
资格证书						
教育经历	起止时间	学校	学历	专业
实践经历	起止时间	实践单位	担任角色	主要职责
自我评价				

2. 教育和培训背景

主要包括大学阶段的主修、辅修与选修课科目（列出成绩单），尤其要突出符合所求职岗位需求的所学科目和所受培训。

建议这部分采用倒叙的方式来写，从最近的经历入手，让简历的阅读者更容易获得重要的信息。

3. 所获技能证书、从业资格证书、荣誉，以及个人特长

包括外语、计算机水平的等级证书，三好学生、优秀团员、优秀学生干部等荣誉，各级颁发的奖学金，以及参加各种技能大赛的获奖情况等。这部分内容大多应附上证书、奖状的复印件，以证明材料真实可信。个人在某些方面有过人的才能，如取得了大学英语六级证书，或者获得了某一专业技能大赛的国家级、省级大奖等，都可重点阐述，以引起用人单位的兴趣。

4. 实习实践经历

工作经历是简历中的重头戏，它在一定程度上反映了求职者是否能够胜任所要谋求的这份工作。对于刚毕业的大学生来说，兼职、校园实践、社会实习都可以算作工作经历。

（1）社会活动和课外活动。近年来，越来越多的用人单位希望招聘具有一定应变能力、能够从事各种不同性质工作的大学生，尤其是商贸性公司、国家机关等。在社会活动和课外活动中，大学生的责任心、协调能力、社交能力和人格修养将得以充分展示。所以，对于仍在求学、尚无社会经历的大学生来说，社会活动和课外活动是相当重要的实践经历。

（2）勤工俭学。即使勤工俭学的岗位与应聘职位无直接关系，也可以展现自己的意志，给用人单位留下能吃苦、勤奋、负责、积极的好印象。

（3）生产实习。生产实习为大学生提供了理论联系实际的机会，让大学生增加阅历、积累工作经验。描述这部分内容时，应尽可能详细、具体，并强调取得的业绩。如果这方面的经验较多，也可有选择地列出与应聘职位有关的经历。

描述工作经历应包括公司（或实践场所）、起止时间、职务、职责和业绩，例如"2020年5月1日至9月1日在某科技公司担任文案策划一职，负责公司宣传推广文案及资料的撰写和推广工作，共发布过1篇'100万+'文案、2篇'50万+'文案、6篇'10万+'文案"。其中，工作业绩最好用数字进行量化表达，让用人单位能够清楚地了解求职者的真实经历和取得的成绩，避免使用"许多""大量"这样模糊的词汇。

5. 求职意向及个人联系方式

求职意向应明确地表示对哪个岗位感兴趣，一般写1~2个为宜。个人联系方式应列出电话号码、电子邮箱。在求职择业期间，不要频繁地变换手机号码或电子邮箱地址，以免错失面试的机会。

二、简历的制作原则

制作一份好简历，绝不是很多大学生认为的选择一个漂亮的模板、放上有特点的艺术照片、罗列自己所学专业课程和社会实习经历那么简单。简历制作必须体现专业度，内容要体现自己对所应聘工作的胜任能力，或凸显自己的综合素质、专业素质。简历是体现个人特质、能力、兴趣的名片，制作得好，可以帮助求职者脱颖而出；制作得不好，会成为无效简历，无法吸引用人单位。一份优质的简历必须符合以下三个原则：完整性、人岗匹配性、真实性。

（一）简历的完整性

一份完整的简历有助于招聘人员快速了解求职者的基本素养，判断其是否匹配所投递职位的人才画像、是否具备岗位胜任力、是否匹配企业的文化特质和行业背景等。

有些企业会根据自身需要定制简历模板，但是万变不离其宗，一般都会包括图 8-1 提到的六个部分。招聘人员会用 5~15 秒判断一份简历是否值得安排面试——首先关注求职目标、教育背景等关键信息，其次关注是否有与职位匹配的实习/工作经历，最后关注获奖情况、所获荣誉和专业证书。关键信息是否吸引招聘人员是能否获得面试机会的关键，有效呈现个人能力与职位的匹配性对求职者来说非常重要。

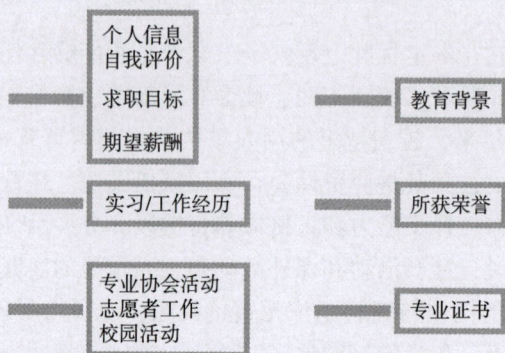

图 8-1　简历中应包含的基本信息

简历中应包含的
基本信息详解

（二）简历的人岗匹配性

要制作体现人岗匹配性的简历，需要掌握以下四个步骤。

1. 研究意向职位的岗位职责与任职要求

利用职业生涯工具梳理出自己想选择的行业和意向职位后，不要马上投递简历。要有针对性地分析用人单位的核心业务和组织文化、招聘职位的任职要求和待遇，自我评估不同维度的匹配度后，再制作简历。

🔑 **课堂延伸**

职位分析

京东集团职位任职要求——销售方向，"京鹰会"管理培训生：

（1）2021 届本科及硕士毕业生。

（2）热爱互联网行业，拥有长期投身于电商、零售、金融、物流、技术服务、国际化等业务的意愿；不惧挑战，抗压能力强，坚韧乐观，追求个人价值实现与事业成功。

（3）具有强烈的自驱力、好奇心与求知欲，具备多元化的思考模式。

（4）具有出色的沟通能力和强烈的责任意识，擅长多任务、跨部门的协同与推进。

（5）至少精通一门外语。

这个职位只写了销售类管培生，没有明确具体岗位职责。因此，投简历前要认真调研该职位的工作内容，了解绩效要求、培养体系和轮岗方式等，从而有针对性地阐述自己的具体优势和实习经历、项目经历。这个职位的任职要求比较明确的是学历、毕业时间、软素质（热爱互联网，具有好奇心、自驱力、求知欲、沟通协调能力、时间管理能力、项目管理能力）、硬技能（语言）。市场营销类、工商管理类、语言类专业的大学生比较适合这个岗位。

2. 总结实习及校内外项目经验中与意向职位要求相近的工作能力和可量化的绩效

通过解读职位要求，已经基本掌握了企业需求，第二步就是在此基础上展示自身与需求匹配的经验和证明自己能力的绩效。这部分内容可以分为校外的工作经历与校内的活动经历。从人力资源的视角分析，符合图 8-2 所示的四种条件的实习经历是企业选择人才时看重的。

简历核心：人岗匹配

职责是未来工作场景，要求是个人必备能力，场景要相关，能力要可迁移

企业相关	对标企业	行业相关	岗位相关
·实习经历来自所应聘的企业或者关联企业	·实习企业与应聘企业为对标企业，例如，美团与饿了么、抖音与快手、普华永道与埃森哲	·实习企业与应聘企业属于同一个行业，例如腾讯与阿里巴巴、华为与联想、微软与IBM	·岗位一致性 ·部门相关性

图 8-2 有吸引力的实习经历

（1）企业相关。如果求职者曾在意向求职企业或者其关联企业有过实习或工作经历，招聘人员会重点关注，这说明企业认可求职者的基本素质，且求职者对于企业文化有一定的适应性。同时，招聘人员会向求职者在此工作期间的人事或上级核实其工作表现和离职原因。现在也有很多知名企业对过往工作绩效优秀的离职员工开放回"家"通道，为其提供回原企业工作的机会。

（2）对标企业。招聘人员会与用人部门共同分析人才画像，定向挖掘与本企业的业务相近性最高的、从事同行业甚至同一品类的产品业务的人才，目的是让所招聘人才快速在工作中发挥价值。企业招聘人才是为尽快解决问题并创造价值，有相似经验的人才更容易施展拳脚。但是，求职者如果与上一家企业签署了保密协议和竞业禁止协议，就需要尽量避免找相关的工作。

（3）行业相关，即过往就职企业与意向企业属于同一个行业。招聘人员看重的是工作能力的可迁移性，希望外招人才打破企业内部现有经验和思维同一化的局限性。

（4）岗位相关。换岗不换行，换行不换岗。如果过往的实践经历横跨了多个行业，应尽量提炼出这些岗位的相似性，这样可以展示出自己在同样的岗位上适应了不同行业的工作内容和管理风格，这些经验会让自己拥有更多元化的视角，从而能把工作做得更好。

此外，要注重对相关绩效的量化表达。例如，一个体育专业的应届毕业生想应聘儿童体能教练，招聘人员关注的是其体能训练水平和是否喜欢儿童。如果他有以下实习经历，就更有可能获得面试机会：每年假期从事兼职工作，组织开展适龄儿童跳绳专项体能训练营，帮助 5~8 岁儿童提升跳绳技巧，所带学员全部通过 1 分钟跳绳测试；对感统失调的儿童进行一对一辅导，其中 3 人有明显的运动能力改善，成为长期学员。

3. 梳理简历逻辑，突出重点，优化措辞，精简内容，检查格式和错别字

上一步是做加法，这一步是做减法，因为招聘人员阅读简历的时间有限，所以简历的内容要简练，符合招聘人员的阅读习惯。图 8-3 所示的 CAR 模型，是帮助求职者识别自己简历的内容是否符合招聘人员阅读习惯的思维工具。

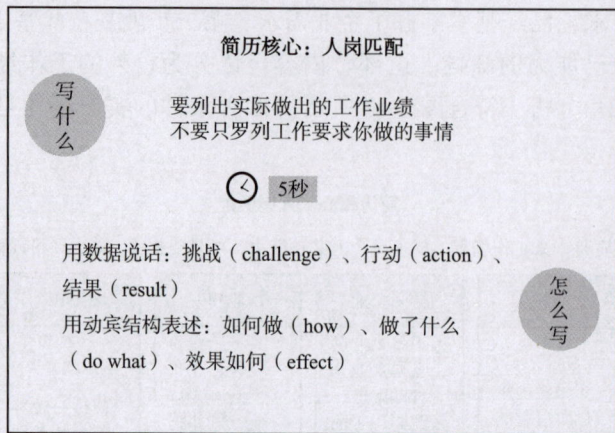

简历核心：人岗匹配

写什么

要列出实际做出的工作业绩
不要只罗列工作要求你做的事情

5秒

用数据说话：挑战（challenge）、行动（action）、
结果（result）
用动宾结构表述：如何做（how）、做了什么
（do what）、效果如何（effect）

怎么写

图 8-3　CAR 模型

例如：实习期间参与线上新产品上市的市场调研，独立设计、发放 1 000 份问卷并进行后期收集、分析，绘制用户画像；配合市场部针对目标用户做推广计划，线上广告针对目标人群的推广转化率为 15%，广告首发带来 1 000 万元的新品销售额，等等。求职者应避免简历中的内容没有价值。例如，同一份行政助理工作，描述不同，价值也不同。无价值表述方式：帮助上级领导完成会议安排、做好会议记录，处理行政事务。有价值表述方式：协助领导部署周会、月会、季度会；独立负责会议后的内部线上宣传，会议简报；每月组织一次员工生日会，让员工感受到温暖。

（三）简历的真实性

真实性是最重要的，简历上的内容必须是真实的。企业招聘人员的职责之一就是在求职者入职前做好全面的背景核实，避免招到不诚信的员工。招聘人员会从以下五个方面对简历信息做核实：身份信息、法律纠纷；学历、学位；实习经历（或者工作经历，核实的是求职者以往的入职和离职时间、所在部门、职位、上级姓名和级别等）；成绩、专业证书（对于还没有考到的证书，可以写明备考；对于已经合格但证书还没有发下来的，可以备注"成绩合格但证书未发放"）；创业经历（企业会比较关注求职者是否有其他产业，以免求职者因为个人事务而影响工作的投入度和稳定性，甚至与公司业务利益产生冲突）。大学生如果由创业转为就业，应事前处理好相关事宜，更要注意转变心态。规范的企业在求职者入职前还会要求填写入职登记表和入职承诺书。一旦发现有信息虚假现象，企业有权解除劳动合同；情节严重、危害企业利益者，将承担相应的法律责任。

◆◆◆ 活动探索

初步掌握简历的写作方法

根据以下内容撰写简历。

（1）你的目标职位。

（2）目标职位应该掌握的核心技能。

（3）你的实习实践经历是否对目标岗位的工作内容有帮助。

①组织名称、岗位名称、岗位职责和绩效要求等情况：

②你处理过的问题：

③你对工作的投入程度：

④你取得的业绩：

（4）你能为公司创造价值的才能有哪些。

梳理完以上内容后，请结合意向公司相关招聘要求，针对目标岗位制作一份求职简历，可在网上下载或自行设计模板。简历内容须包含个人基本信息、求职意向、教育背景、社会实践经历、职业技能、自我评价等，符合完整性、人岗匹配性、真实性原则。

8.2 先发制人的求职信

任务导入

案例一：小张在求职季"海投"的简历全部石沉大海，偶然发现某企业的招聘公告已发布两周，他匆忙撰写了求职信："尊敬的领导，我对贵公司××××岗位非常感兴趣，希望能获得工作机会……"内容简短笼统，未提及个人优势。

案例二：小李提前通过企业官网了解了岗位需求，并结合自身实习经历撰写了求职信："贵公司在智能制造领域的创新成果令我钦佩。在××公司实习期间，我参与的自动化设备调试项目使生产效率提升15%，且本人熟练掌握PLC编程与设备维护技能，这与贵公司技术员岗位需求高度契合……"他最终成功获得面试机会。

同学们，为什么两人的求职结果大相径庭？答案就藏在求职信里。一封优质的求职信能让招聘者快速看到你的价值。

请与同学们讨论求职信应包含的主要内容，并将关键词写在下方。

_____

_____

_____

_____

_____

_____

_____

任务学习

一、求职信的结构

一般来说，求职信的各个段落都有其不同的作用，而非简单地堆砌文字。第一段直接阐明"我"是谁、要干什么，即告诉对方自己的姓名、学校、专业，以及要应聘的岗位——简单告诉对方来者何人。第二段详述自己与工作岗位相匹配的能力、经验，以及个人优势——告诉对方"我"能做什么。第三段表达个人的职业规划、对公司的了解程度和加入公司的强烈意愿，恳请对方给予面试机会——告诉对方"我"为什么很想做这份工作。需要注意的是，求职信和简历一样，不需要在顶部写上"求职信"，其属性通过书写格式和开头文字即可判断，再写个大标题无疑是画蛇添足。

1. 开头——称谓得当，注重礼节

求职信的开头要有称谓，一般为"尊敬的×××，您好！"，×××代表公司（部门）和职位，例如"尊敬的腾讯 HR 老师，您好！""尊敬的开发部领导，您好！"等。如果招聘信息中留有联系人姓名，还可以写成"尊敬的陈女士，您好！""尊敬的王先生，您好！"等。不管收件人是谁，礼节都很重要。

2. 第一段——开门见山，自报家门

告诉招聘方自己的姓名、毕业学校等个人信息，以及要应聘哪个职位和获知该职位的渠道。个人亮点可以用一句话阐述，例如，应聘投资银行岗位时可以说"通过了 CPA 考试，曾在××券商投行部/律所/会计师事务所实习×个月时间，参与过××类型的项目"，力求快速吸引对方眼球。

求职信第一段范例及点评

3. 第二段——"我"的经验和技能能够帮"你"解决什么问题

这个部分是整封求职信的重中之重，可以从教育经历、所获证书、实习和工作经历、核心技能、取得的成就和奖项等多个方面展开描述，以证明自己与这个岗位有较高的匹配度。这个部分可以不限于简历的条条框框，而是单独凸显与招聘岗位相关的经历，尤其是那些在简历中无法直观看出的与岗位相关的技能和能力。在写完之后，可以通过以下几个问题进行核对，看看自己的求职信是否已经覆盖所有要点。

（1）是否从事过与招聘岗位类似的工作；

（2）是否学习和了解过招聘岗位要求具备的知识和技能；

（3）如何证明自己可以快速弥补短板，并且胜任新岗位；

（4）是否对经历进行了归类，以便阅读者能够清晰阅读。这部分常见的写法可分为列表式和文章式。列表式即先提炼岗位信息，然后根据岗位要求，以列表的形式一一写出自己的经验和能力，证明自己具备胜任岗位的实力。列表式的撰写方式非常有针对性，在个人履历与岗位要求相符的情况下，强烈推荐用这种写法。

4. 第三段——"我"为什么渴望得到这个职位

这部分描述的是入职动机，可以用一句话表达对公司的成就、历史、地位、产品或领导的敬意，同时表达加入公司的强烈意愿。在撰写求职信前要做好调研工作，调研内容包括求职公司的主要业务、竞争对手、市场地位等，以及所申请职位的具体工作内容，而这些也是招聘方在面试中很大概率要了解和考查的问题。很多求职者到了面试环节，当面试官询问"你了解过我们公司的产品和业务吗"时，会很诚实地回答说"还没有"，或者说"我干什么都行"，根据统计，这些求职者通过面试的概率极低。表面上看，这类求职者只是没有了解公司的概况，但本质上，这类求职者要么缺乏清晰的职业规划，只想打工混日子，要么对这个岗位和公司看得不那么重要，只是当作备选项之一。如果是前一个原因，公司可能会招聘到一个不靠谱的员工；如果是后一个原因，这个人即便成功入职也会很不稳定，而企业需要的是愿意与其共同成长、共同进步，全心全意为企业发展做贡献的员工。

此外，寻找和一家公司产生情感交集的方式可以从很多角度入手，例如，长期使用这家公司的产品、曾经在这家公司实习、得过这家公司赞助的奖学金、参与过这家公司举办的比赛、曾在学校听过该公司总经理的讲座等，越细节越好，不要用那些大而空的理由。基本的句式就是"因为×××，贵司的产品/服务/管理文化让我非常向往，相信凭借我的能力和进取精神，能够为团队的成长贡献自己的力量"等。

入职动机写作范例

5. 结尾——致谢，写清楚联系方式

结尾要简洁，不要写类似"风雨同舟，共创辉煌""你是伯乐，我是千里马"这类大而空的话，仅需要简单地致谢，并表明希望得到面试机会即可，如"真诚期待能有机会和您面谈""感谢您的阅读，衷心期待您的回复""非常期望能有一次面试的机会。祝您身体健康、工作顺利"等。如果招聘启事中有具体的入职时间要求，也可以写上自己最早能入职的时间，以及可以接受面试的时间等。

最后，留下自己的联系方式，包括姓名、电话、邮箱等，方便对方联系。

➤ 二、邮件正文的求职信

现阶段，大多数简历都是通过邮件进行投递的，邮件正文中的自我介绍部分即构成了传统意义上的求职信。邮件正文的求职信和纸质求职信的主体内容是一致的，基本的格式段落也相似，但是，因为屏幕尺寸和电子屏浏览习惯的限制，其内容需要比纸质版更加精简。

（1）正文内容不宜过多，只列核心要点即可，最理想的状态是不拖动滚动条就可以将全文看完。

（2）核心技能和经验部分统一使用段落符提炼，尽可能保证语言精简。

（3）以职位为中心，设置不同的邮件正文求职信模板，针对不同的岗位进行适当的修改。

邮件正文求职信范例

需要注意的是，邮件正文不要为空，否则是缺乏职业素养的一种表现。邮件正文（求职信）既是围绕应聘岗位对个人经历的集中化描述，也是对雇主方的尊敬。同时，一些反垃圾邮件系统会将正文空白的邮件当作垃圾邮件，直接分类到垃圾箱中。

◆◆◆ 活动探索

（1）在招聘软件上搜寻自己感兴趣的岗位，根据岗位说明梳理出岗位要求的能力。

（2）在过往经历中寻找可以证明自己具备这样的能力的事例，梳理成几个可写进求职信的核心要点。

（3）确定自己非常想要获得这份工作的原因并梳理出来。

（4）梳理完相关信息后，在下方为你的目标岗位写一封求职信。

_____

_____

_____

_____

_____

_____

_____

_____

_____

_____

_____

_____

8.3 先声夺人的自信提升

任务设置

某高职计算机应用技术专业学生王磊，在一次企业面试中表现出以下状态：

入场时低头快步走，不敢与面试官眼神接触；

自我介绍时，声音颤抖，语速极快，仅用30秒就结束了陈述；

被问到"你认为自己的核心竞争力是什么"时，沉默 10 秒后回答："我觉得自己还行，可能比较努力吧……"

最终，王磊因缺乏自信、表达能力不足被淘汰，而同等条件下，另一位主动与面试官眼神交流、清晰列举项目经验的同学成功通过面试。

请思考：

1. 现场表现如何影响面试官的评价？

2. 如果你是王磊，如何快速调整状态、展现自信？

任务学习

一、自信的双向作用机制：心理暗示与行为验证

1. 自我实现预言（皮格马利翁效应）

心理学研究表明，个体对自身能力的积极信念（如"我能做好这件事"）会显著提升行动成功率。例如，面试前通过反复模拟练习强化"我符合岗位要求"的信念，可降低焦虑感，使表达更流畅。

2. 肢体语言的"力量姿势"理论

社会心理学家艾米·卡迪提出，开放式肢体动作（如双手叉腰、舒展坐姿）能提升体内睾酮水平（自信激素），降低皮质醇（压力激素）。即使是强装自信，身体姿态的改变也能反向激活大脑的自信回路，形成"姿势→生理→心理"的正向循环。

二、高职生自信的三大求职认知误区与破解策略

高职生自信的三大求职认知误区与破解策略见表 8-3。

表 8-3 破解求职认知误区

认知误区	典型表现	科学破解策略
学历决定论	专科生竞争不过本科生，求职必败	1. 聚焦职业教育优势：强调技能熟练度（如"掌握工业机器人操作，实习期间独立完成 10 个以上项目"）； 2. 用数据对比："某企业招聘数据显示，高职生实操考核通过率比本科生高 23%"（虚构数据示例，可替换为真实行业报告）
经验虚无主义	没实习过，简历一片空白	1. 挖掘隐性经验：将校园活动转化为职场能力（如"组织 50 人社团活动→项目统筹能力"）； 2. 创造替代性经验：用"虚拟项目"填补空白（如"自学完成××软件仿真设计，输出 30 页分析报告"）
完美主义陷阱	回答必须无懈可击，否则会被淘汰	1. 接受"不完美"：面试的本质是匹配度考察，而非考试，允许自己有 1~2 处细节失误； 2. 结构化补救：若遇卡壳，可采用缓冲话术争取时间（如"这个问题我需要从两个方面说明，首先是……"）

三、自信表达的三层逻辑：清晰性、感染力、说服力

1. 金字塔原理（结论先行）

回答问题时遵循"总—分—总"框架：

总：直接给出核心观点（如"我认为自己适合这个岗位"）；

分：从专业匹配（如"课程成绩90+"）、技能认证（如"持有××证书"）、实践经验（如"实习期间参与××项目"）几方面进行分点论证；

总：重申优势并表达期待（如"因此，相信我的经验与能力能为团队提供价值"）。

2. 情感共鸣法则

面试中适当加入个性化细节（如"我在××企业参观时，注意到贵公司的××技术，这与我在××项目中使用的××方法高度契合"），展现对岗位的真实兴趣，比空洞的"我很努力"更具感染力。

3. 数据锚定策略

用具体数据量化成果替代模糊表述。

普通表达："我有较强的沟通能力。"

自信表达："我担任班长期间，协调20多场活动，收集400多份同学反馈，推动班级管理满意度从65%提升至92%。"

四、压力情境下的自信维持机制

1. 认知重构技术

将面试压力重新定义为"与行业前辈交流的机会"，而非"被审判"。研究表明，持成长型心态的求职者，面试通过率比持防御型心态的求职者高37%。

2. 预演未来技巧

面试前通过冥想模拟完整流程：入场微笑、握手坐下、回答问题（包括手势与眼神交流）……神经科学研究发现，大脑在预演场景中的神经激活模式与真实经历高度相似，可有效降低临场焦虑。

◆◆◆ **活动探索**

高光事件故事化重构

1. 活动目标

通过梳理成功经历，强化自我效能感。

2. 活动步骤

(1) 列事件清单：用STAR法则梳理3个校园生活/实习中的成功事件。例如：

S（情境）：大二时参加全国职业院校技能大赛；

T（任务）：负责团队电路设计模块；

A（行动）：查阅10多份技术文档，主导3次小组调试；

R（结果）：缩短电路故障排查时间30%，获省级二等奖。

(2) 故事化表达：用"冲突—行动—结果"结构改写事件（表8-4），突出个人贡献（如"当时遇到××难题，我通过××方法解决，最终达成××结果"）。

表 8-4 高光事件故事化重构

事件	
情境	
任务	
行动	
结果	

3. 小组分享

每人用 2 分钟讲述自己的高光故事，小组其他成员用"你让我印象最深的是××，因为××"句式给予正向反馈。

体验式教学：简历撰写与面试模拟

一、简历撰写与修改

在已有素材的基础上，进一步撰写符合职业规范的个人简历，掌握简历撰写的要素和技巧，为今后的求职活动奠定基础。

活动指导：根据自己的目标职位，确定个人简历的结构和内容，突出自己的亮点和优势。使用简练明了的语言描述各项能力，避免夸大或缩小自己的优劣势。对于没有相关实习经验的同学，可以注重突出自己的学术成果、社会活动、自学能力等，以证明自己的能力。排版要整齐，信息呈现要清晰易读，避免语法错误和错别字，使用正式而规范的用语。

活动步骤：

（1）在已有素材的基础上，进一步撰写符合职业规范的个人简历，时间为 20 分钟。

（2）小组内相互交流，互相点评并提出建议。

（3）教师对同学们的简历进行总结评论，并给出改进意见。

（4）结合各方意见修改简历。

二、模拟面试

（一）组织形式

在教室里模拟企业招聘全过程。

（二）准备事项

桌子和椅子、简历、服装、面试问题、其他道具。

面试问题（仅供参考）：

1. 请用一句话介绍自己

参考答案：我是一个有多年销售经验的专业人士，擅长建立良好的客户关系并达成销售目标。

2. 你为什么对这个职位感兴趣

参考答案：我对这个职位感兴趣是因为它与我的技能和兴趣紧密相关。我喜欢挑战自己、在团队中合作，这个职位能为我提供成长和发展的机会。

3. 请列举你过去的一次项目经验，并描述你在其中的角色和贡献

参考答案：我在上一个公司负责一个关键客户的项目，我们成功实施了一个复杂的解决方案，使其业务效率提高了30%。我在项目中负责与客户沟通，分析需求，并协调内部团队的工作。

4. 你如何处理工作中的压力和挑战

参考答案：我善于管理压力和解决问题。当面临压力和挑战时，我会优先制订清晰的目标和计划，并分解任务，以便逐步解决问题。此外，我也会保持积极的心态，并寻求同事和领导的支持和建议。

5. 请举例说明你在团队中成功合作的经验

参考答案：我曾在一个多部门的团队中担任项目经理的角色，我们需要共同解决一个复杂的问题。为了实现协作，我主动与团队成员沟通，理解他们的需求和意见，并协调分工，确保每个人都能充分发挥自己的优势。

6. 你如何管理时间并确保工作按时完成

参考答案：我善于管理时间和设置优先级。我通常会使用日程表或任务清单来记录和跟踪任务，并根据紧急性和重要性对它们进行排序。我也会留出一些缓冲时间，以便应对突发情况或优化已有的工作安排。

7. 你认为自己的最大优点是什么

参考答案：我认为我最大的优点是超强的学习能力和快速的适应能力。我喜欢不断学习新的知识和技能，并能迅速适应新环境和变化，这使我能够以最快的速度适应新工作和解决新问题。

（三）面试步骤

1. 面试准备阶段

（1）研究公司和职位：了解公司的背景、文化和价值观，以及所申请职位的要求和职责。

（2）自我评估：回顾自己的工作经历、技能和成就，准备相关的例子和故事，用于回答面试问题。

（3）面试问题准备：研究常见的面试问题，并准备自己的回答，包括自我介绍、项目经验、团队合作、挑战解决等。

（4）穿着打扮：选择适当的服装，给面试官留下良好的第一印象。

2. 面试开始

进入面试室后，问候面试官并进行自我介绍。

在自我介绍中要简洁地介绍自己的姓名、毕业院校、工作经验和个人特点，重点突出与申请职位相关的经验和技能。

3. 技术面试环节

根据申请的职位，面试官可能会问一些与该职位相关的技术问题，考查应聘者的专业知识和解决问题的能力。也可能会要求应聘者详细描述自己在过去项目中的角色、贡献和参与过程，应聘者应准备好展示自己的项目经验并突出自己的成就。

4. 行为面试环节

面试官可能会问一些关于应聘者过去行为和决定的问题，以评估其解决问题的能力、沟通能力和领导潜力等。应聘者可以通过提供具体的例子来回答问题，并注重强调自己的思考过程和结果。

面试官还可能会询问应聘者在团队合作中的经验，包括如何与他人合作、处理冲突和达成共识等。应聘者可以分享自己的团队合作经历，并突出自己的协作能力。

5. 结尾环节

面试官通常会询问应聘者是否有问题要问，这时应聘者可以提出公司文化、发展机会或团队合作等方面的问题，展示对公司的兴趣和主动性。

在面试结束时，向面试官道别，表达感谢、对面试机会的重视和对进一步沟通的期待。

第9章 通悉面试类型 熟悉应试技巧

【知识目标】

1. 系统掌握网络面试、电话面试、结构化面试等常见面试类型的基本概念、流程及核心特点，准确区分各面试类型的考查重点；

2. 理解不同面试类型的备战策略，熟知面试前了解企业信息、准备资料，以及礼仪等方面的具体内容和方法；

3. 牢记面试官常问问题的类型及考察的核心要素，包括个人能力、职业规划、个性特质等方面。

【技能目标】

1. 通过情景模拟和实践训练，增强在半结构化面试、无领导小组面试等场景中的应变能力、沟通能力和团队协作能力；

2. 熟练运用 MTV 原则、STAR 法则等技巧，清晰、有条理地进行自我介绍，精准回答各类面试问题，有效展示自身优势和岗位匹配度；

3. 学会利用人工智能大语言模型等工具进行模拟面试，获取反馈并改进自身面试表现。

【素质目标】

1. 树立正确的求职心态，增强自信心，克服紧张情绪，以积极、从容的态度面对各类面试；

2. 培养良好的职业素养和礼仪规范意识，在面试过程中展现出尊重他人、注重细节、举止得体的专业形象；

3. 强化自我反思和总结能力，通过对面试表现的复盘和改进，不断提升个人综合素质和职场竞争力。

9.1 面试类型及备战策略

任务设置

假设你收到了某企业的面试通知，这时需要准备自我介绍的内容。请将你准备的内容写下来，要求如下。

（1）开头：吸引面试官的注意力，如使用独特的问候语或引人入胜的开场白。

（2）主体内容：重点介绍与应聘岗位相关的教育背景、工作经历、技能和特长等，突出自己的优势和亮点。

（3）结尾：简洁有力地表达自己对该岗位的渴望和信心，以及对面试官的感谢。

（4）语言表达：用词准确、简洁，避免使用过于复杂或生僻的词汇。

任务学习

在校园招聘中，企业越来越倾向于采用丰富多样的面试形式和复杂的面试流程，主要是为了更全面地了解应聘者的能力和素质。通过传统形式的面试可能只能了解应聘者的表面能力，而采用多元化的面试形式和流程，可以更好地考察应聘者的专业技能、团队合作能力、沟通表达能力、创新思维能力等多方面素质，从而更准确地评估应聘者的综合素质和潜力。

一、面试类型

（一）按形式分

除现场面试外，还有以下两种形式。

1. 网络面试

网络面试是企业或招聘机构通过网络平台与应聘者进行远程交流的面试形式。

（1）网络面试的步骤通常包括以下几个阶段：

① 确定面试时间和平台：企业会提前与应聘者联系，确定面试时间和使用的网络平台。

② 测试网络连接和设备：应聘者需要测试网络连接和设备状况，确保网络稳定和设备正常运行。

③ 准备面试材料：应聘者需要准备好个人简历、求职信和其他相关材料，以备面试时参考。

④ 进行面试：在面试时间到来后，应聘者登录指定的网络平台，与企业面试官进行远程视频交流。

⑤ 结束面试：面试结束前，应聘者要及时感谢面试官。

（2）网络面试的注意事项：

① 测试网络连接和设备状况，确保网络稳定和设备正常运行。

② 提前了解企业信息和岗位要求，为面试做好充分准备。

③ 注意着装和形象，尽量选择安静、整洁的环境进行面试。

④ 注意口头语言和肢体语言的表达，尽量保持自信、专业的形象。

2. 电话面试

电话面试是指企业在招聘流程中使用电话对候选人进行初步筛选和评估的环节。通常，在收到求职者的简历后，企业会通过电话与候选人进行交流，以了解他们的基本背景、技能、经验和个人素质，以便在后续面试阶段做进一步的决策。

（1）企业选择使用电话面试形式的原因有以下几点：

① 时间和成本效益：电话面试可以节省企业和候选人的时间和成本，尤其是在对大量申请人进行初步筛选时，可以更高效地进行评估。

② 可以跨地区远程接触候选人：电话面试使得企业能够接触来自不同地区或国家的候选人，不受地理位置的限制。

③ 了解候选人的电话沟通能力和技巧：电话面试可以帮助企业评估候选人在电话沟通

中的表达、逻辑思维、语言运用等能力。

④ 初步筛选：电话面试有助于企业初步了解候选人的背景和资格，筛选出与职位要求最匹配的候选人进入下一轮面试。

（2）在电话面试期间，需要注意以下几点：

① 语速和清晰度：保持适当的语速和足够的清晰度，以确保对方能够听清你的回答。

② 准备纸笔：将对方的问题一一记录下来，免得在回答时遗忘。

③ 沟通技巧：倾听对方的问题，确保理解准确后再回答。回答时使用简洁明了的语言，避免赘述。

④ 提问机会：利用面试结束前的提问机会，向面试官提出一些关于公司和职位的问题，凸显你对该职位的关注和兴趣。

（二）按内容分

1. 结构化面试

根据面试的结构化（标准化）程度，可以分为结构化面试、半结构化面试和非结构化面试三种。

所谓结构化面试又称标准化面试，通过事先确定的一组问题和评分标准来进行，旨在有效评估候选人的能力、经验和适应性。结构化面试通常更加公平和客观，有助于减少偏见和主观性，提供更可靠的评估结果，所以大部分用人单位采用的都是结构化面试。

课堂延伸

请扫码查看结构化面试模拟试题，了解解答思路。

结构化面试模拟试题

2. 无领导小组面试

在无领导小组面试中，一组候选人会被要求一起完成一项任务或解决一个问题，而没有明确的领导者指导他们。面试官会观察每个候选人在小组中的表现，评估他们的领导能力、团队合作能力、沟通能力和解决问题的能力（表9-1）。

要在无领导小组面试中脱颖而出，应该注意以下几点：

（1）有效沟通：积极与小组成员沟通，倾听他们的观点，表达自己的意见，争取让自己的观点被小组成员理解和接受。

（2）展示领导能力：主动承担一些组织和协调的任务，展示自己的领导能力。注意不要过于强势，要尊重和倾听其他成员的意见。

（3）注重团队合作：展示出良好的团队合作精神，与小组成员合作完成任务。积极地支持和鼓励其他成员，与他人建立良好的合作关系。

（4）展示解决问题的能力：积极参与问题的讨论和解决过程，提出创造性的解决方案，并能够合理地解释和支撑自己的观点。

（5）表现自信和积极的态度：展示出自信和积极的态度，以及对任务的热情和兴趣。

🔑 **课堂延伸**

表 9-1　无领导小组面试题目类型

序号	题目	例题	详解
1	开放式题目	你认为什么样的工作才是好工作	开放式题目看似简单，却暗藏玄机，因为思路容易发散，很难聚焦，导致最后得不出结论
2	两难式题目	你认为个人能力和合作精神哪个更重要	这种题目要求在两个或多个看似相互冲突的选项之间做出抉择。难点在于清晰地表达思考过程，并给出合理的解释。需要展示自己的分析能力、决策能力和逻辑思维能力
3	排序选择题目	有一艘邮轮在海上遇难了，船上有医生、教授、作家、科研工作者等，请按照先后顺序对救助的对象进行排序	这种题目要求按照某个标准对一组选项进行排序。难点在于给出清晰的排序原则和理由，并合理地对各选项进行评估和比较。需要展示自己的分析能力、判断能力和优先级管理能力
4	资源争夺题目	某公司董事长到任退休，需要在三个候选人里选出一人接替该岗位，该如何选	这种题目要求对有限的资源做出合理的分配。难点在于考虑各方利益，给出公正和合理的分配方案。需要展示自己的协调能力、沟通能力和决策能力
5	实操类题目	某公司的产品刚刚上市，市场占有率不高，如果你是该产品的销售总监，会如何提升销售业绩、扭转局面	这种题目要求在实际情景中解决问题或完成任务。难点在于在有限的时间内，灵活应对并找到解决方案。需要展示自己的问题解决能力、团队合作能力和执行能力

3. 行为面试

行为面试依据的是个人行为表现的连贯性原理，要求求职者描述过往的工作案例或者生活经历来展示个人素质和优势。行为面试假设的前提是，一个人过去的行为能预示他未来的行为。例如：一个喜欢创造新事物的人，他的创新意识较强，未来更擅长从环境变化或社会问题中发现创新机会。

◆◆◆ **活动探索**

行为面试

随着求职者对面试日益重视，越来越多的人会去学习面试方法，甚至把自己锻炼成一个能说会道的"面霸"。因此面试官在面试过程中越来越少寻求直接答案，而是更多运用行为面试法，旨在通过应聘者过去的行为和经验来预测其未来的表现。以下是面试官使用行为面试法的一般步骤。

（1）明确岗位胜任力模型：首先，面试官会明确特定岗位的胜任力模型，即该岗位所需的关键能力和行为特征。这将成为面试官在面试中提问的基础。

（2）拟定行为性问题：根据岗位胜任力模型，面试官会准备一系列与特定能力相关的行为性问题。这些问题通常以"请举例说明……""请描述一次……的经历"等方式开头，鼓励应聘者详细陈述过去的行为和经验。

（3）STAR 法则：面试官在询问行为性问题时，通常使用 STAR 法则进行引导。STAR 代表 Situation（情境）、Task（任务）、Action（行动）和 Result（结果）。应聘者需要按照这个顺序，先描述面临的情境，然后明确任务和目标，接着详细说明采取的行动，最后说明取得的结果和收获。如果应聘者的回答不够完整，面试官会有针对性地补充追问。

① 问情境："请问那是在什么情况下发生的？"

② 问任务："你这么做是因为什么？"

③ 问行动："在面临你所说的困难时，你是怎么做的？"

④ 问结果："你当时的行为带来了什么影响？"

小组内抽取"面试官"与"应聘者"的身份卡片，二者的比例为 1∶3。

面试官的任务：假设你计划招聘一名市场营销经理，请你准备 2~3 个行为性问题，用于面试应聘者。请在准备问题时参考岗位的胜任力模型，确保这些问题能够帮助你了解应聘者的实际行为和经验，以便更好地评估其在这个岗位上的适应性和能力，活动记录见表 9-2。

评估团队合作能力："请描述你在过去的工作或学习中与团队成员合作完成一个重要市场营销项目的经历，说明你在其中扮演了什么角色，以及你是如何有效地与团队合作的。"

评估问题解决能力："请举例说明你在市场营销领域遇到过的挑战，并描述你是如何识别并解决这个问题的、最终取得了什么样的成果。"

评估领导力与影响力："假设你在市场营销经理的职位上，你将如何激发团队成员的工作动力，使团队更加团结协作，共同完成市场营销目标？"

应聘者的任务：运用 STAR 法则回答问题。

表 9-2　活动记录

面试官的问题	应聘者的回答
团队合作能力：	应聘者1：
	应聘者2：
	应聘者3：
问题解决能力：	应聘者1：
	应聘者2：
	应聘者3：
领导力与影响力：	应聘者1：
	应聘者2：
	应聘者3：

二、面试考查的主要内容

理论上讲，面试可以测评应试者的所有素质，但由于人员甄选方法都有其长处和短处，扬长避短、综合运用，则事半功倍，否则就很可能事倍功半。因此，在人员甄选的实践中，并不是以面试去测评一个人的所有素质，

面试考查的
主要内容

而是有选择地测评最能在面试中得以体现的素质。根据面试考察的主要内容，同学们可以进行有针对性的面试准备。

三、面试的应对策略

1. 了解企业

面试前，需要通过网络、图书馆等渠道查找关于应聘组织的资料，或通过社交圈联系组织内部员工进行了解。应聘者对目标组织和职位的信息至少应有以下一些方面的了解：

（1）公司的发展历史和潜力；

（2）公司的产品和服务；

（3）工作地点；

（4）与行业发展趋势相比，公司过去几年的业绩如何；

（5）主要竞争者；

（6）公司所有权及其对发展潜力的影响；

（7）公司的管理风格、组织文化；

（8）员工数量；

（9）组织结构、工作氛围、工作量；

（10）下属参与决策的程度与数量；

（11）对员工的培训和发展计划；

（12）该职位典型的职业发展路径；

（13）升职通道；

（14）知识或技术的使用情况；

（15）如果是一个非营利组织，它的目的、资金来源、客户和功能是什么。

2. 模拟面试

美国麻省理工学院通过研究发现，最终受雇的求职者往往是那些在面试中听和说各占一半的人。滔滔不绝会让面试官觉得组织的需要和要求被忽略了；而说得较少，则会显得不够真诚、有所隐瞒。良好的面试表现需要遵循"50/50原则"：一半时间听，一半时间说。每次开口最好不要超过2分钟，有时20秒就足够了。面试前，可以针对企业可能关心的问题，按照"50/50"与"开口不超过2分钟"原则模拟一下。

3. 明确职业胜任力

为在面试中有更好的表现，应聘者需要思考企业不喜欢的员工在工作中会如何表现——也许是上班迟到、无故旷工、不听领导安排而我行我素……而企业喜欢的员工呢？可能是不只为薪水而工作、可靠、有头脑、有精力、有热情、严于律己、组织性强、目的明确、善于把握时间……同时，企业很可能还希望员工态度良好、正直、忠于组织、能很好地处理人际关系、有语言才能、会电脑操作、以项目和目标为导向、富于创造性、善于解决问题、有团队精神……若能结合职业探索，找出自己能胜任该职位的方面，并通过经历证明，将给面试官留下良好的印象。

4. 明确要给企业留下的印象

面试时，必须讲明自己能为企业做什么、帮它解决什么问题，而不只是问"能付我多少工资""我能自由支配的时间是多少"。企业需要的是得力的、能解决问题的人，而不是什么职业胜任力都没有展示就漫天要价的人。

5. 其他事项

（1）资料准备。包括能证明自己学识、能力、经历的资料，如所获奖励的证书。一旦对方提问，提供资料比空口说要好。

（2）时间准备。要预留出充足的时间，最好比预定时间提前一点到达，以 15 分钟为宜，这样可以从容地整理仪容仪表和思路，并利用这段时间观察公司的工作环境。

（3）礼仪准备。衣着要得体，通常应较正式，以与应聘职位相匹配为宜；不要用气味太浓的香水或化浓妆；不要戴太多的饰物；检查手机是否关机或设置为静音状态。具体细则可参考"9.3 面试礼仪与行为规范"。

（4）心理准备。深呼吸可以帮助我们放松下来，消除紧张情绪。面试之前的夜晚睡个好觉。

◆◆◆ 活动探索

活动目标：了解自我介绍在面试中的重要性，做好充分准备；通过模拟训练，掌握自我介绍的技巧，提升面试自信心。

活动指导：

（1）结合教师给出的招聘背景信息，分析自身优势。

（2）在 5 分钟内整理好思路。

（3）上台展示面试时的自我介绍（有条件的话，可录像用于复盘）。

（4）其他同学打分并评价。

（5）教师点评总结。

（6）反思、改进并再次练习。

①我的自我介绍是否有吸引力？

_____

②它令人信服吗？

_____

③还有什么需要补充的？

_____

④如何使我的回答变得更好？

_____

9.2 面试问题及回答技巧

任务设置

在一次面试中，面试官先后问了两位求职者同样的问题："我们单位是集团公司，下面有很多子公司，被录用的人员都要到基层去锻炼。基层条件比较艰苦，请问你是否有这方面的思想准备？"求职者A说："吃苦对我来说不是问题，因为我从小在农村长大，我很乐意到基层去，只有在基层摸爬滚打，才能积累丰富的工作经验，为今后的发展打下基础。"求职者B则回答："到基层去锻炼我认为很有必要，我会尽一切努力克服困难，好好工作。但作为年轻人，总希望有发展的机会，不知贵公司安排我们去基层的时间有多久？还有可能回来工作吗？"结果A被录用了。

A态度端正、诚恳，获得了面试官的欣赏；而B明显有顾虑，尽管是人之常情，但他的回答不合时宜。显然，A对应聘技巧的掌握要好于B。

思考：

1. 你会如何回答这一问题？

2. 你认为这两种回答的区别是什么？

任务学习

一、常见的面试问题

面试官会围绕简历进行提问，全方位地了解应聘者的综合素质。面试官常问的问题示例如表9-3所示。面试官一般会重点关注四类经历：学生干部、科研项目、社会实践和学习过程。

面试一般会考查的不仅是应聘者当前的工作能力，还有发展潜力、性格与本企业和招聘岗位的匹配度。关于发展潜力，企业最看重六大核心素养：适应力、文化贡献力、团队合作力、领导力、责任感和目标感。

表9-3 面试官常问问题示例

简历模块	典型问题
个人信息	请做简单的自我介绍。
求职意向	为什么选择我们企业？
	你有哪些能力可以胜任这个岗位？
	为了应聘这个岗位，你做过哪些准备？
教育背景	为什么选择这个学校和这个专业？
	你最喜欢哪一门专业课？原因有哪些？
	大学期间让你最引以为豪的一件事是什么？
	你对自己选择的专业满意吗？
	你喜欢什么专业？为什么喜欢这个专业？
	你对于学习深造有什么计划？
实习经历	你在实习期间有哪些收获？
	实习中对你来说最有挑战性的任务是什么？你是如何解决的？
	你在你的领导身上学会了什么？
	你认为你在实习期间的哪些表现是能让领导满意的？哪些表现是让他不够满意的？
	你为什么没有留在实习企业？

简历模块	典型问题
项目经历	请介绍一下你参与的这个项目。
	项目中你主要负责哪些工作？
	项目中让你印象深刻的事情是什么？为什么？
	你觉得项目有哪些遗憾？如果重新实施一次，你会如何安排？
	做这个项目，你最大的收获是什么？
社会实践	你为什么参加这个活动？
	参加活动后，你的哪些能力提升了？
	你在活动中的职责是什么？
	在这个活动中，你最有成就感的事情是什么？
所获荣誉	你是如何获得这些荣誉的？
	和同样争取这个奖项的同学相比，你在哪些方面更有优势？
	你为什么要争取这些荣誉？
	这些荣誉中哪个对你最有意义？为什么？
职业资格证书	你考这些证书的目的是什么？
	你认为自己有哪些专业和技能优势？请举例说明。
个人生活经历	你父母的职业是什么？
	他们对你的工作选择有哪些建议？
	成长中，对你影响最大的人是谁？
	身边的人都是如何评价你的？
	你从小到大做过最让自己自豪的事情是什么？
个人职业规划和个性品质	你理想的工作是什么样的？
	你的梦想是什么？
	你最欣赏哪三个人？欣赏他们的哪些方面？
	你希望自己成为一个什么样的人？
	描述一下你理想中的职业规划。
	如果你不适合这个职位，还会考虑哪个职位？
	你认为什么风格的领导是你愿意追随的？
	工作中，如果你和领导的观点不一致，而你坚信你的观点是对的，你会怎么做？
	同事之间竞争项目，你没有争取到，而你认为能力不如你的人被选为负责人，你会怎么做？
	领导在组会上批评了你的工作失误，但是失误实际是同事造成的，你会如何处理？

　　针对表9-3列出的问题进行练习，可以进一步了解面试官的提问思路。大学生越早了解这些问题，对学业规划和职业规划越有帮助，可以提升学习动力和进行职业规划的积极性。

二、面试问题回答指南

每一个面试问题背后必有考察点，面试官在整个招聘过程中关注的问题总结起来就是以下三个。

（1）你是我要找的人才吗？

（2）如果你顺利入职，可以稳定地工作吗？

（3）你能很好地融入团队吗？

下面的问题回答指南会帮助同学们从自身能力水平、职业发展规划、个人特质等多个维度进行面试准备。这些内容是为了让同学们在进入职场前可以有意识、有准备地规划学习和实践，面试时有内容可以陈述，并且知道如何陈述会让面试官印象深刻。这些表达逻辑也适用于职场内部竞聘和商务合作洽谈等场合。

1. 自我介绍阶段

面试开始后，面试官通常会通过应聘者 1~3 分钟的自我介绍，快速识别其自我总结能力、沟通表达的逻辑和水平。

（1）应聘者在此阶段常出现的问题有：

① 重复简历已有内容；

② 漫无目的地长篇大论，内容没有重点；

③ 夸大其词地吹嘘自己，给人感觉不真实；

④ 过度谦虚，妄自菲薄，给人感觉不自信；

⑤ 过度紧张，磕磕巴巴，显得心理素质差。

（2）自我介绍的注意事项有以下几点：

① 内容管理。自我介绍的呈现逻辑可以用 MTV 原则来梳理：

- M（Me）指"我"是谁；
- T（Task）指"我"在过去的任务中取得了哪些成就；
- V（Value）指"我"能带来的价值是什么。

② 表情管理。面带微笑，与面试官有眼神交流，自然地注视面试官的鼻梁处。

③ 声音管理。练习呼吸，将空气吸入腹腔，再慢慢呼出，说话时尽量控制语速，不要出现气短的感觉。如果普通话不标准可以说慢一点，让自己吐字清晰。打开口腔可以让发音更响亮、清晰。

④ 时间管理。自我介绍的时间应控制在 1~3 分钟。时间太短，显得准备不足；时间太长，会让面试官失去耐心。把握 MTV 原则，根据岗位要求把自己的优势介绍清楚，关注面试官的反应。如果对方听得津津有味，身体前倾、频频点头或者眼神表达出想再多听一些的意思，可以酌情再补充细节。

🔑 课堂延伸

请扫码查看自我介绍中 MTV 原则的实际应用。

自我介绍案例

2. 能力考查阶段

针对面试官提出的与能力相关的问题，应聘者应围绕专业、实习经历或者工作经历、在校经历来回答。

（1）在此阶段常出现以下问题：

① 回答问题既不客观也不具体，更多停留在自我欣赏上。

【示例】

职位：销售

问题："你为什么认为你有能力做好这份工作？"

无效回答："大家认为我做事非常认真，我相信我可以做好这份工作。"

有效回答："我学的是畜牧专业，但是我并不喜欢，为了顺利转型，在不影响学业的前提下，我做了两份与销售相关的实习工作，锻炼了两个方面的能力。我的第一份工作是培训招生，招到了100位学生，在暑期实习生里业绩排名第一，锻炼了开拓客户的能力。我的第二份工作是驾校销售，当时遇到很多要退费的客户，但在我的劝说下，没有一人退费，因为我一对一打电话安抚了客户的情绪，并有针对性地为他们各自安排了适合的课程，锻炼了维护客户关系的能力。我虽然是行业新人，但是喜欢看与营销相关的书籍并学习相关课程，以提升自己的销售能力，培养顾问式营销思路。"

② 对职位要求的能力理解不足。

【示例】

职位：项目执行助理

问题："你认为做好这份工作的必备素养是什么？"

无效回答："我认为是有个性的创意。"

有效回答："我认为有三个核心素养。第一，执行力。项目要落地，就要确保执行到位。第二，变通能力。出现突发情况要第一时间报告上级，并思考解决方案。第三，沟通能力。工作要协调各方需求，要理解各方想法，并且有效传达解决方案。"

③ 回答绩效时没有量化的数据。

很多没有经验的大学生喜欢用形容词描述优势，而不是用可量化的绩效来展示优势。

【示例】

职位：内容运营助理

问题："你认为上一份实习工作中你的表现有哪些亮点？"

无效回答："领导认为我的文案写作能力特别强。"

有效回答："我的文案写作能力得到领导认同，写过的文章有三篇在自媒体平台的阅读量突破十万人次，每一篇的转发量都破万人次、评论量上千条。"

（2）针对能力考查问题的回答思路有以下几点：

① 重点介绍与岗位素质相关的成就事件和能力。

这个环节需要重点解读职位描述。一定要结合岗位所需，对自己的专业水平和实践经历做重点介绍，并且一定要可量化或可验证，而不是堆砌形容词。

【示例】如果应聘岗位要求沟通能力强，可以这样介绍自己："我自身的优势之一是沟通能力良好。我在校期间曾负责组织班级活动，学校要求在一周之内出两个节目，我们班上有 45 个人，所以我找到了 20 位有才艺的同学，邀请他们参与活动策划，结合每个人的优势做了分工，这样不仅节目有了着落，整体活动策划和流程安排也非常顺利，达到了班级活动人人参与的效果。"

② 案例必须真实，经得起追问和核实。即使实习经历少、可总结的案例有限，也不要在面试时虚构经历，因为面试官阅人无数，如果在面试中说谎被识破，就不可能有入职的机会了。

【示例】如果被问到相关经验而自己确实没有可讲的经验时，可以这样说："谢谢您问我这个专业问题，我确实没有接触过这方面的事务。我可以现场按照自己的理解回答一下，如果方向不对，请您指正。我还愿意在面试结束后尽快总结这类问题的解决思路，并以邮件的形式反馈给您。您看可以吗？"

3. 稳定性考察阶段

面试官除了看重应聘者的能力外，还看重其稳定性。稳定不仅是个人需求，也是企业需求。企业培养新人上岗直至产生绩效的成本很高，所以希望招到稳定的员工。

（1）面试官用于考查稳定性的问题很多，一般包括以下几类：

① "你为什么想选择我们企业的这一职位？"（动机）

② "你理想的职业规划是什么？"（职业规划）

③ "你认为收入、发展、人际关系、工作–生活平衡、健康这五个因素的重要性排序是怎样的？为什么这样排？"（职业价值观）

④ "到目前为止，你对我们企业的整体感受是怎样的？我们企业最吸引你的是什么？"（个人印象）

（2）应聘者在此阶段常出现的问题如下：

① 职业规划过于宏大，但是能力一般，让面试官感觉心浮气躁。例如："我的目标是 3 年升到总助、5 年升到分公司经理，然后创业，挑战自我。"

② 过于在乎收入。例如："收入是对能力的证明，如果不能给予我更好的待遇，就说明企业不重视我。"

③ 对企业文化不够理解、认可度低，让面试官觉得适应性差。例如："我理想的工作状态是自由支配时间，不接受加班、出差。"

（3）回答稳定性考查问题的思路如下：

① 动机问题。

围绕自身的专业、兴趣、实习经历或者未来行业预期等展开说明，要提前调研职位要求和行业发展的情况，不要讲假大空的话。

② 职业规划问题。

根据 3~5 年的近期规划、5~10 年的中期规划和 10 年以上的远期规划表述自己的想法。

• 近期规划，要想明白是沿着技术线发展，还是沿着管理线发展，因为这两条发展线需要积累的核心竞争力是不同的。可以借机询问企业对于新员工的培养计划。

• 中期规划，要结合自己理想职业生涯的发展目标，以及自己为实现目标积累的资源和培养的能力展开描述。

• 远期规划，要结合理想的事业状态和生活状态，以及自己的梦想和情怀展开描述。

③ 职业价值观问题。

职业价值观排序要匹配自己的职业目标，不要自相矛盾。如果职业目标是成为部门骨干，5年内获得独立带项目的能力和机会，但是在职业价值观中最看重的是工作-生活平衡、自由支配时间、不加班，这看起来就会有些冲突。此时，可以换一种说法表述自己的职业价值观，例如："我希望获得更多的成长空间，在业余时间也愿意让自己多充电、多学习。同时，我希望把每年可以支配的假期分配给家人和业余爱好，让自己工作时全力以赴，休息时尽情放松。"

④ 个人印象问题。

面试时可以多分享自己了解的企业文化、工作内容等方面的信息，让面试官感受到自己进行了认真的准备观察。

4. 个性特质考查阶段

对应聘者个性特质的考查贯穿面试所有环节，个性特质反映了其入职后能否快速适应岗位、融入团队。

（1）面试官用于考查应聘者个性特质的问题很多，一般包括以下几类：

① "你眼中的自己是什么样的？你身边的人（老师、同学、朋友、父母）对你的评价是什么样的？你认同吗？"（自评和他评）

② "你觉得自己的哪些个性对你与人相处有帮助？哪些是存在问题的？"（人际关系）

③ "如果和同事因为工作而产生冲突，你会如何解决？"（冲突管理）

④ "你从小到大对什么方面的事比较感兴趣？"（兴趣）

⑤ "如果上级要求你做的事违反企业规定，你怎么办？"（价值观）

（2）应聘者在此阶段常出现的问题如下：

① 只讲优点不讲缺点，容易让面试官感觉自评过高。

② 处理人际冲突时情商过低，总是讲自己的道理、别人的问题。

③ 性格过于呆板，让面试官感觉很无趣。

（3）回答个性特质考查问题的思路如下：

① 自评和他评问题。

从实际出发，想好对应的例子，说明为什么要这样评价自己。例如说大家一致认为自己做事太"较真"，那么就应举出平时和大家一起做事时认真的例子，而不要举出那些在日常生活中斤斤计较的例子。

② 人际关系问题。

根据自己的个性特点在与人相处时发挥的作用来回答。如果自认为是开朗、积极主动的人，就可以举一些因为开朗、积极主动而构建了良好关系的例子。如果自认为内向、不爱与人交流，可以举出一些自己觉得不够舒适的情况，但不要举出因为自己的个性而让对方很不愉快的例子。总之，面试时不能说谎，也不要放大自己的问题。

③ 冲突管理问题。

冲突管理问题考查的是应聘者的情商和解决工作中冲突的能力。回答时应把握以下三个原则：第一，以解决问题为出发点；第二，做好表情和情绪管理，如果沟通方式让对方产生了不快，要及时道歉，但是要让对方理解自己的初心是希望更好地解决问题；第三，要展现出自己的魄力，敢于和对方探讨问题，针对发现的问题，要勇于表达，并给出解决方法，同时保持谦虚的态度，对于思考不足之处可以请对方指出来，一起探讨。

④ 兴趣问题。

兴趣影响应聘者将来投入工作的热情。兴趣可以与工作无关，也可以与工作有关，但应是长期坚持并且热爱的，而不是一时兴起。

⑤ 价值观问题。

这类问题既考查应聘者的人品，也考查其智商和情商。价值观是做事的原则和底线，所以要先明确地表达自己的观点和态度，再说明原因和处理方法。君子应有所为有所不为。违反企业利益和法律的事不能做，违反职业道德的事不能做。

5. 面试态度考察阶段

在面试结束前，面试官往往会提出一个问题："你有问题要问吗?"很多应聘者都没有利用好这个机会。

（1）应聘者不会问问题的原因主要有以下几种：

① 缺乏准备或一紧张就不会问，索性随便选择一个问题。

② 对职位不感兴趣，所以也不想浪费时间交流，直接放弃问问题的机会。

③ 只想聊关于薪酬福利的事，而忽略了与个人发展有关的问题。

（2）应聘者在面试中必须关注以下问题，从而有效提问。

① 入职后所在部门的业务属于企业的新业务还是老业务、是核心业务还是周边业务，部门未来的发展空间如何。

② 入职后所在团队各级领导的经历和背景。

③ 加入企业后有哪些可以提升个人能力的机会。

④ 在同一岗位上，此前晋升速度比较快的员工都是因为做出了哪些努力和取得了哪些成绩。

⑤ 对于自己的面试表现，面试官有哪些反馈和建议。

⑥ 面试官认为这家企业吸引他加入的亮点，他认为自己有哪些方面与目前的职位相匹配。

◆◆◆ 活动探索

使用人工智能大语言模型模拟面试

在正式面试前，可以使用人工智能大语言模型来模拟面试。

例如输入以下问题："我准备面试×××公司的×××岗位。作为面试官，你会问我什么问题?"

人工智能大语言模型可能会给出这样的答案（以豆包为例）：

作为你的面试官，我可能会问你以下几个问题：

（1）你可以介绍一下自己吗?

（2）你为什么对这个职位有兴趣?

（3）你可以举一个自己过去成功解决问题的例子吗?

（4）你在团队项目中发挥了什么作用?

（5）你如何看待失败?

（6）你有什么问题想问我吗?

你提供的信息越详细，人工智能大语言模型反馈的面试问题就会越精准。接下来可以对每个问题做出回答，然后让人工智能大语言模型提供反馈。

例如，针对问题回答："我是一名计算机科学与技术专业的学生。在校期间，我参与了多个人工智能深度学习项目，并在其中取得了很好的成绩。我希望能在这个职位上应用我学到的知识，同时也期待自己能在实践中进一步提高。你对以上回答怎么看？"人工智能大语言模型可能会给出这样的答案："你的回答很好，既展示了你的专业能力，也显示了你的积极态度。我建议你在答案中加入一些具体的例子，如你在哪些项目中取得了什么样的成绩，这将使你的回答更具说服力。"

人工智能大语言模型可以帮助你更好地准备面试，但请记住，自信和真诚永远是最重要的。

9.3 面试礼仪与行为规范

任务设置

同学们，如果你是面试官，更愿意给图 9-1 中的哪位应聘者机会？面试中，你的外在形象、一举一动都在传递关键信息。据调查，80%的面试官会在初次见面后的 30 秒内对应聘者形成初步印象，而礼仪规范是塑造良好第一印象的核心要素。

图 9-1 不同的应聘者形象

请挑选不同行业的岗位信息（如金融行业、创意设计行业、制造业），根据岗位特点，从服装、配饰、妆容等方面设计面试造型，并说明理由。

_____

_____

_____

_____

_____

_____

任务学习

✈ 一、面试中的服饰礼仪

一个人的良好形象不仅仅表现在相貌和身材等方面，穿着打扮和行为举止也会在很大程度上反映出一个人的修养。面试时，合乎规范和自身形象的着装会给人以干净利落、有专业精神的印象。

（一）男生面试时的服饰礼仪

1. 基本服饰礼仪

有些单位面试时需要男生准备西装，穿西装面试时应注意以下几点。

整体：整套西装包括西装外套和西裤，尺码应该是适合自己的身材，并且干净整洁。

颜色：一般来说，较为保守的颜色是首选，如黑色、深灰色或深蓝色。这些颜色会给人专业、沉稳的印象。

衬衫：最常见的选择是白色或浅蓝色长袖衬衫，确保清洁、熨烫平整、领口整齐。

领带：配戴合适的领带是重要的细节。领带的颜色和图案应与西装和衬衫协调搭配。选择经典的领带款式，避免过于花哨或夸张的设计。

鞋子和袜子：穿着正式的皮鞋，颜色应与西装相匹配。选择配套的袜子，避免鲜艳或花哨的款式。

2. 不同行业服饰礼仪

一些行业和公司对男生参加面试时的着装要求可能不一定是西装。

创意、设计类行业：艺术、广告、媒体等行业可以采用更加灵活和时尚的穿着，例如时尚的休闲装、修身的衬衫搭配牛仔裤或其他有品位的裤装。

IT 和科技行业：更加注重实际能力和专业素质，可以选择干净整洁的衬衫，搭配有品质的裤装或长袖 Polo 衫，以及舒适的皮鞋。

非正式企业文化：某些公司的企业文化较为非正式，注重团队合作和创新。在这种情况下，可以选择干净整洁的休闲装，如 Polo 衫、整洁的牛仔裤，无须系领带。某些公司可能对着装有一些特定的要求，需要在接到面试通知或与 HR 沟通时具体了解。重要的是给人专业、整洁和有自信的印象，展示出适应该职位的能力和素养。

无论参加哪种行业或公司的面试，以下几点要求是共通的：

穿着整洁干净：无论选择何种服装，都需要确保干净整洁，没有褶皱、污渍。

自信得体：要展示出自信和得体的形象，良好的仪态和自信的态度是面试中的重要因素。

注意细节：注意个人卫生和形象的细节，如头发整洁干净、胡须要修剪整齐、指甲要保持清洁、适度使用香水等。

（二）女生面试时的服饰礼仪

西服套装是最常见的选择，包括外套和裙子或裤子。选择适合自己身材的尺码，确保整洁合身。如果不想穿套装，还有以下选择：

上衣搭配裙子或裤子：选择一件修身并具有职业感的针织衫、毛衣、衬衫或丝质上衣，搭配长度适中、款式经典、符合职场规范的裙子或裤子，颜色和款式要简约大方。

无领外套搭配衬衫和裤子：选择一件优雅的无领外套，搭配合身的衬衫和裤子，增添造型整体的专业感。

西装马甲搭配衬衫和裤子：选择一件合身的西装马甲，搭配干净整洁的衬衫和裤子。这种搭配既展现了专业形象，又不会过于正式。

女士西装短裤套装：如果天气较热，可以选择女士西装短裤套装。短裤的长度要适当，并搭配合身的上衣。

鞋子：选择封闭式、高质量的皮鞋，避免过于华丽或夸张的款式。确保鞋子干净整洁，与服装相匹配。

配饰：简约而经典的配饰是推荐的选择，如珠宝、腰带等。避免过于夸张、花哨或分散注意力的配饰。

包包：选择简约而专业的手提包或肩包，容纳需要的文件和个人物品。

妆容：淡妆是比较合适的选择。确保妆容整洁、不过于浓重，突出自然美。

发型：选择整洁、干净的发型，可以将头发束起，避免过于复杂或夸张。

个人卫生：确保指甲整洁，避免过长或装饰花哨。保持口气清新，避免浓重的香水味道。

无论选择哪种服装，都要注意保持整洁、得体，并展现出自信和专业的形象。避免选择过于休闲、花哨或个性化的款式，以免给人留下不专业的印象。最重要的是根据应聘公司的行业和文化做出合适的选择，同时展现出适应岗位的能力。

二、面试时的行为举止

1. 保持诚恳态度

（1）坦诚回答问题：在面试时，诚实是最重要的。不要夸大自己的能力和经历。回答问题时要清楚、明确，不要隐瞒或避开不擅长的领域。

（2）倾听并回应：认真倾听面试官的问题，确保理解问题的含义，不要匆忙作答甚至抢答。回答问题时要简洁明了，避免夸夸其谈或长篇大论。

2. 注意身体语言

非口头语言在交流中所起的作用有时会比口头语言更突出。在面试中，身体语言的表现会对应聘者的形象产生深远的影响。

（1）目光接触：保持与面试官的目光接触可以传递出专注、真诚和自信。避免过度眨眼、扫视或者不断转移目光，这会被认为缺乏诚意或不自信。

（2）身体姿势控制：保持直立的姿态，展示自己的自信和积极性。避免低头或者弓背，这会给人留下消极或缺乏自信的印象。注意控制一些可能显得焦虑或紧张的习惯性动作，例如摇腿、咬指甲或者玩弄饰品等，这些动作可能会分散面试官的注意力。

3. 注意口头语言

在言语表达中使用的词汇、句子和语言风格，直接影响着信息传递的效果和沟通的质量。合理运用礼貌的口头语言可以使得交流更加有效、准确和流畅，更好地表达自己的观点和态度，使话语更具有说服力，引起听众的共鸣和关注。同时，可以营造良好的交流氛围，避免冲突和误解，有助于建立积极、有效的人际关系。

确保讲话时声音清晰、自信，避免噪声过于低沉或紧张。语速也要适中，不要过快或过慢。这些身体语言的细节对于面试成功将发挥着重要的作用，因此需确保你的身体语言与你的回答一致，传递出自信、诚意和专业性。当然，在面试中成功的关键还需要综合考虑多个方面，包括经验、沟通技巧和适应能力等。

🔑 课堂延伸

面试回答问题时要注意的礼节可扫描二维码自主学习。

回答问题时要注意的礼节

◆◆◆ 活动探索

1. 出入有人控制电梯时的礼仪

组长带领组员进行讨论，拟定模拟方案，分配角色进行模拟演练，写下角色分配和任务设计，之后进行课堂展示，展示限时 2 分钟。

2. 出入无人控制电梯时的礼仪

组长带领组员进行讨论，拟定模拟方案，分配角色进行模拟演练，写下角色分配和任务设计，之后进行课堂展示，展示限时 2 分钟。

体验式教学：无领导小组讨论与半结构化面试模拟

一、无领导小组讨论

（一）活动简介

将多名应聘者临时组成一个团队，给出一个问题，要求团队按照流程，在规定时间内进行讨论，并给出一个统一结论。

（二）活动目标

锻炼团队合作、沟通协调、问题解决和领导能力，提升在集体决策环境中的有效表达和协作水平。

（三）活动步骤

（1）阅读思考题目。应聘者就位后，面试官介绍需要讨论的问题或分发相应纸质资料。应聘者围绕问题进行思考。

【模拟试题】

升学是很多人改变人生的机会，其中专升本就是一个例子。相较于高考而言，通过专升本进入一个好学校、选一个好专业，相对来说容易一些。而且，在就业形势严峻的情况下，继续深造还可以提高自己的竞争力和市场价值，比如，在一些城市，重点高中在招聘教师时，通常都要求申请人拥有师范类专业本科甚至研究生的学历。因此，升学提供了一个重要机会，让人们能够探索个人潜力并选择更好的未来发展方向。

（2）个人陈述。每位应聘者依次发表自己的观点，时间控制在 2~3 分钟。

（3）小组讨论。10~15 人为一个小组，就题目进行自由讨论，最后形成一个统一结论，时间控制在 30~40 分钟。

（4）总结陈词。小组推荐一位成员，在规定时间内总结小组讨论情况，并介绍讨论的结果，时间控制在 3 分钟左右。

二、半结构化面试

通过模拟半结构化面试场景，帮助学生熟悉"固定问题+随机追问"的面试模式，提升临场应变能力、逻辑表达能力和岗位匹配度展示技巧，强化职业素养与求职竞争力。

（一）核心内容设计

1. 岗位定制化题库

针对不同行业（如互联网、金融、教育、制造业）与岗位类型（技术岗、管理岗、职能岗），设计半结构化面试题库：

（1）固定问题（占比 60%）：涵盖自我介绍、职业规划、优缺点、项目经验等通用问题；

（2）随机追问（占比 40%）：结合岗位需求设计压力测试题、情景模拟题和专业问题（如互联网运营岗可追问"如何提升用户活跃度"，教师岗可追问"如何处理课堂突发状况"）。

2. 角色分工与任务

面试官：由教师、企业 HR 或优秀学生担任，根据题库提问并灵活追问，评估面试者表现；

应聘者：选择目标岗位，准备简历与应答策略，展示专业能力与综合素质；

观察员：记录应聘者的语言表达、应变能力、礼仪规范等细节，辅助评分。

3. 评分与反馈体系

设计《半结构化面试评分表》，按照专业能力（30%）、沟通表达（25%）、应变能力（25%）、岗位匹配度（20%）四大维度评分；

面试结束后，面试官结合评分表进行一对一反馈，指出每位应聘者的优势与改进方向。

（二）活动流程

1. 前期准备阶段

（1）分组与角色分配：

学生自由组队，每组 4~6 人，明确面试官、应聘者、观察员角色；

未参与本轮模拟的小组可作为观众现场观摩，学习经验。

（2）资料发放与培训：提供《半结构化面试题库》《岗位面试技巧指南》《评分表》等资料。

2. 模拟面试阶段

（1）第一轮模拟：

每组应聘者轮流进入模拟面试区，面试官按"固定问题→随机追问"流程进行面试；

观察员记录每位应聘者的面试表现，填写评分表；

观众通过监控设备或现场观摩学习。

（2）角色轮换与第二轮模拟：

小组成员互换角色，重复面试流程，确保每人体验不同角色；

面试官针对上一轮表现优化提问策略，提升模拟真实性。

3. 总结与反馈阶段

（1）小组自评与互评：

各小组依据评分表讨论面试表现，提出改进建议；

观察员分享记录的典型问题（如应答逻辑混乱、追问应对不当）。

（2）教师点评：

教师结合评分表，分析高频问题与共性不足，示范优质应答思路；

邀请企业 HR 代表从雇主视角解读岗位需求，提供面试技巧建议。

（3）优秀案例展示：选取表现突出的应聘者进行二次展示，重点呈现应变能力与岗位匹配度表达。

第 10 章　拨开签约迷雾　保障合法权益

学习目标

【知识目标】

1. 系统掌握大学生就业全流程，明确职业规划、材料准备、求职申请、面试签约、入职发展各环节的核心任务与关键要点；

2. 全面识别招聘、试用、签约等阶段常见的就业侵权行为（如歧视、虚假岗位、霸王合同等），熟知《中华人民共和国劳动法》《劳动合同法》等相关法律法规的核心内容；

3. 熟练掌握户口迁移、档案托管、党组织关系转移等就业资料办理流程及注意事项，理解其对职业发展的长期影响。

【技能目标】

1. 能够独立制订个性化就业计划，运用自我评估、职业咨询等方法确定职业目标，并规划阶段性行动方案；

2. 具备分析劳动合同条款合法性的能力，能识别潜在风险（如无效试用期、不合理违约金等），并掌握有效应对策略；

3. 在遭遇劳动争议或就业侵权时，可灵活运用协商、调解、仲裁、诉讼等法定途径维护自身权益，撰写规范的维权文书。

【素质目标】

1. 树立契约精神与法治思维，增强就业过程中的规则意识和法律敬畏感，自觉遵守劳动法规与合同约定；

2. 培养理性求职心态，克服求职焦虑与盲目冲动，提升对就业市场复杂性的认知与应对能力；

3. 强化社会责任意识，在维护自身权益的同时，主动关注行业就业规范，推动公平就业环境建设。

10.1　知而后行　熟悉就业流程

任务设置

请各小组的同学展开讨论，列举就业的流程和其中需要特别注意的问题，并将所有能联想到的内容都记录在便笺上。15 分钟后，各小组将便笺按类型贴在就业流程思维导图（图 10-1）上。

（1）每个小组使用不同颜色的便笺，每张便笺上写一条内容。

（2）每个小组准备若干支马克笔，以及一张事先打印好的就业流程思维导图。

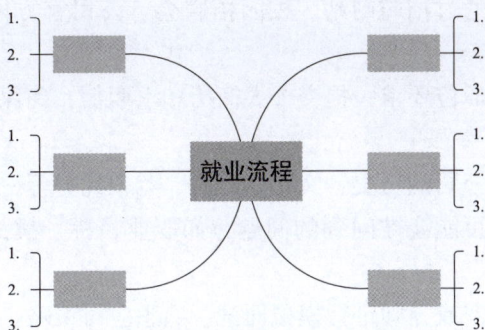

图 10-1　就业流程思维导图

你从这个活动中得到了什么启发？

任务学习

✈ 一、大学生就业流程

大学生就业流程是指从职业规划开始，通过实习经验积累、求职材料准备、寻找适合的工作机会并提交申请、准备面试、最终选择最佳职位并融入工作环境的一系列阶段性步骤。这个过程涉及了个人能力的展示、人际关系的建立、技能的提升，以及对职业目标的不断调整和追求。同时，这也是一个持续发展的过程，要求大学生保持学习、适应变化、维护工作-生活平衡，以便在职场中不断成长并取得进步。

1. 职业规划

（1）自我评估。了解自己的兴趣、技能、价值观和优势，考虑自己适合哪些职业领域。

（2）职业咨询。寻求职业规划专家、学长学姐或职业顾问的建议，了解不同职业领域的要求和前景。

（3）确定职业目标。根据自己的评估和咨询，确定一个明确的职业目标，有助于更有针对性地准备求职。

（4）设定计划。制订达成职业目标的计划，包括提升所需技能、获得实习经验等。

2. 实习和实践经验积累

（1）寻找实习机会。通过学校资源、招聘网站、社交媒体等途径找到与自己职业目标相关的实习岗位。

（2）用心投入实习。努力参与项目，学习新技能，建立人际关系，为未来找工作做好铺垫。

3. 求职材料准备

（1）制作个人简历。详细罗列教育背景、实习经验、项目经历、技能等，突出与目标职位相关的内容。

（2）撰写求职信。为每个职位定制专门的求职信，简要介绍自己的背景和动机，表达对该职位的兴趣。

4. 职位搜索和申请

（1）寻找工作机会。通过招聘网站、校园招聘会、公司官方网站等，了解行业动态和职位需求。

（2）提交申请。根据职位要求，提交个人简历和求职信，确保内容与职位匹配。

5. 面试准备

（1）了解公司。了解公司的历史、文化、产品、竞争优势等，以备面试时展示。

（2）准备问题。思考可能会被问到的问题，如职业目标、挑战应对等，准备清晰、有条理的回答。

（3）模拟面试。与朋友或导师进行模拟面试，熟悉应对策略。

6. 面试后的等待与决策

（1）耐心等待。面试后，需要给公司一定时间来考虑和回复。

（2）比较选择。如果获得多个职位的录用通知，应综合考虑薪资、福利、公司发展前景等，做出最合适的选择。

7. 入职和职业发展

（1）新员工培训。入职后完成培训计划，熟悉公司流程和文化。

（2）学习和成长。持续学习，不断提升技能和知识水平，为职业发展打下坚实基础。

（3）设置职业目标。定期评估自己的职业目标，根据情况变化进行调整和更新。

每个阶段都需要有计划地进行，深入了解自己和职业领域，充分准备材料和面试，同时也要保持积极的心态，勇于迎接新的挑战，不断学习和发展，才能在职业道路上不断前进。

二、大学生就业资料

1. 户口迁移

（1）已签约就业的毕业生，应根据就业去向和实际居住地入户的原则，可自愿选择以下方式之一迁移户口：

①迁至就业单位集体户；

②迁回原籍；

③凡就业单位暂时不解决落户的，可选择迁往就业单位所在地社会人才集体户（需提前与对方接收服务站联系确定）。

（2）未签约就业的学生，迁回原籍（包含去往港澳台高校和因私出国留学的学生、应征入伍的毕业生）。

备注：迁回原籍的地址为本人入学报到前户籍所在地或父母现家庭户口所在地。

2. 档案迁移

（1）毕业生的学籍档案是指通过参加全国统一考试并被录取的大中专院校学生的档案，以文字资料的形式记录了学生的高考成绩、家庭状况、在校学习成绩、在校期间表现和奖惩情况等。人事档案是由学籍档案转换而来的，学生毕业踏入社会、身份转变后伴随转化，需要存档在用人单位的人事部门或相关人才交流中心。

（2）有些人对自己的档案不重视，也不关心。有的人已经毕业多年，档案还存放在学校；有的将档案放在家里；有的早已不知将档案丢在何处。现在国有企事业单位招聘员工、公务员选拔等都必须审查档案，并作为甄选人才的重要依据。另外，办理社会保险、职称评定、出具各种相关证明等也都需要人事档案。

（3）根据相关政策规定，国家机关、国有企事业单位有人事管理权限，可以保管人事档案；各种私营民营企业、乡镇企业、中外合资或外商独资企业都无权管理员工的人事档案，一般交由各级人才交流机构托管。高校毕业生也可以以个人名义委托人才交流机构或学校就业指导服务中心托管人事档案。

3. 党组织关系转移

（1）已落实工作单位的高校毕业生党员，其工作单位建立党组织的，应将党组织关系及时转移到单位党组织。工作单位尚未建立党组织的，可将党组织关系转移到单位所在地或本人居住地的街道、乡镇党组织，也可随同档案转移到县以上政府所属公共就业和人才服务机构党组织。

（2）没有落实工作单位的高校毕业生党员，可将组织关系保留在原就读高校党组织，也可转移到本人居住地的街道、乡镇党组织，或随同档案转移到县以上政府所属公共就业和人才服务机构党组织。

（3）出国留学和出境学习的高校毕业生党员，应将组织关系保留在原就读高校党组织。党员出国（境）前，高校党组织应要求其提交保留组织关系的书面申请，说明学习地点、时间、留学方式、联系方式、境内联系人等情况，经院（系）党组织审批后，报高校党委组织部登记备案。

◆◆◆ 活动探索

拿到毕业证了，档案还重要吗？

活动目标：通过查询相关案例，认识档案的重要性。

活动过程：

（1）分小组收集案例；

（2）小组每个成员充分发表意见；

（3）各组小组长或主持人发言，重点阐述高校毕业生丢失档案所带来的严重影响；

（4）各组相互补充、点评。

10.2 未雨绸缪 保障就业权益

任务设置

小罗顺利通过了某企业的面试，今天，该企业的人事专员通知他过来签订正式的劳动合同。可是小罗想起来，之前已经签过一份就业协议书了，就业协议书不是劳动合同吗？

请与小组成员进行讨论，并选出一名代表阐述讨论结果。

任务学习

一、劳动合同

劳动合同是劳动者和用人单位之间确定劳动关系、明确双方权利和义务的书面协议，也是保护劳动者合法权益的重要依据。劳动合同的必备条款有九项，如图 10-2 所示。

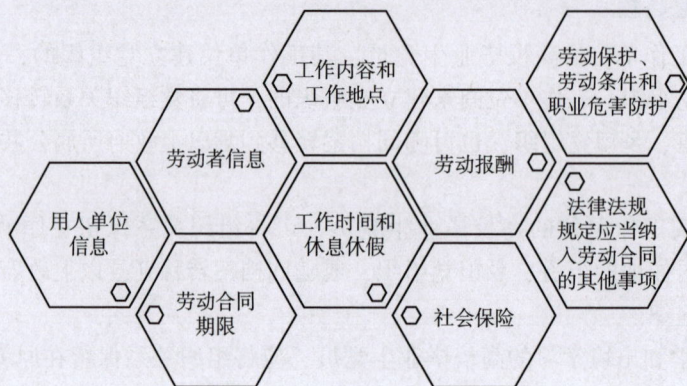

图 10-2　劳动合同必备条款

课堂延伸

就业协议书与劳动合同有什么不同？请扫码查看。

就业协议书与劳动合同的区别

实习协议、就业协议与劳动合同的区别见表 10-1。

表 10-1　实习协议、就业协议与劳动合同的区别

项目	实习协议	就业协议	劳动合同
身份	实习学生	学生	劳动者
时间	实习期	毕业前	毕业后
法律	民事法律	民事法律	《中华人民共和国劳动法》
主体	实习生与用人单位	应届毕业生、用人单位与学校三方	劳动者（含应届毕业生）与用人单位

二、劳动争议的处理

劳动者在紧张的求职活动后换来了一份"沉甸甸"的合同，签字时才发现，里面的内容可真不少。那么，对劳动者来说，在签订劳动合同时，有哪些需要注意的事项？

（一）试用期约定

【示例】刚刚大学毕业的小王到某通信公司应聘，经过几轮面试，最终被录用。签订劳动合同前，公司的人事专员告知小王，公司在与新员工建立劳动关系时，一般会先签订一份试用期合同，期限为 3 个月，试用期的工资为 3 000 元/月。待 3 个月的试用期满后，如果小王的业绩能够达到公司的要求，那么公司会与小王签订正式的劳动合同，正式合同期的工资为 4 000 元/月；否则，公司将不再聘用小王。然而，小王刚工作两个月，公司认为小王的表现无法满足公司的要求，便以"试用期不符合录用条件为由"，与小王解除了合同。

【思考】你认为公司的做法是否合法？

【解析】用人单位以劳动者试用期不符合录用条件为由解除劳动合同的前提有两项：一是用人单位与劳动者约定了合法有效的试用期；二是劳动者正处于试用期。两者缺一不可。试用期是包含在劳动合同期限内的。招聘单位要在与应聘者签订劳动合同后，才能依据法律约定一定期限的试用期。在以上案例中，公司与小王关于试用期的约定并非合法有效，因此不能以"试用期不符合录用条件"为由解除合同。

（二）违约金、口头约定

【示例】2022 年 8 月 15 日，小马与公司签订了 3 年期限的劳动合同。

合同约定：公司聘用小马并为小马申请办理上海户口；小马为公司服务 3 年，具体时间为自 2022 年 8 月 15 日至 2025 年 8 月 14 日；如果小马在服务期内提出辞职，应向公司支付 5 万元违约金。此外，公司在面试过程中曾口头承诺，如果小马业绩好，可以在年底得到一个"超级大红包"。

签订劳动合同及服务期协议后，公司为小马办理了留沪手续。小马工作非常努力，做出了不错的业绩。但到了 2022 年年底，公司始终未提起红包的事情。于是，小马于 2023 年 3 月 5 日向公司提出辞职，并要求公司支付年底红包。公司书面答复不同意，并且以小马违约为由要求其支付违约金。

【思考】小马是否应该向公司支付违约金？公司是否应当向小马支付年底红包？

【解析】法律对用人单位和劳动者约定违约金的情形有明确规定，仅限于两类：一是用人单位为劳动者提供专项培训费用；二是对其进行专业技术培训而签订了服务期协议和合法约定了竞业限制协议（或条款）。除此之外，任何关于违约金的约定都会因与法律的强制性规定相抵触而无效。因此，在上述案例中，公司为小马申请办理上海户口的行为并未达到可以与之约定违约金的法律要求，即使约定，也属无效。

很多用人单位在招聘新员工时，为了将其留住，都会在面谈时给出一些口头承诺，例如薪酬、社保、出国深造机会等。但正式签订劳动合同时，这些承诺往往没有得到体现，而劳动者或迫于情面，或因缺乏法律意识，或因过于相信单位的口头承诺，也未要求落实这些承诺。这样做的最终结果是，即使发生争议，劳动者也很难维护自己的合法权益。因此，用人单位和劳动者在签订劳动合同时，应该就双方约定的各项内容写明相应条款。一旦发生相关争议，可以要求对方按照劳动合同执行，从而保护双方的合法权益。

（三）劳动争议解决途径

当劳动争议发生后，当事人可以通过以下途径解决问题（图 10-3）。

| 协商程序 | 调解程序 | 仲裁程序 | 诉讼程序 |

图 10-3　劳动争议解决途径

1. 协商程序

协商程序是指劳动者与用人单位就争议的问题直接进行协商，寻找解决纠纷的具体方案。与其他纠纷不同的是，劳动争议的当事人一方为单位，另一方为单位职工，因双方已经发生一定的劳动关系而使彼此相互了解。双方发生纠纷后最好先进行协商，可通过自愿达成协议来解决问题。但是，协商程序不是处理劳动争议的必经程序。双方可以协商，也可以不协商，完全出于自愿，任何人都不能强迫。

2. 调解程序

调解程序是指劳动纠纷的一方当事人就已经发生的劳动纠纷向劳动争议调解委员会申请调解的程序。《中华人民共和国劳动法》规定，在用人单位内，可以设立劳动争议调解委员会负责调解本单位的劳动争议。劳动争议调解委员会一般由具有法律知识、较高政策水平和实际工作能力，又了解本单位具体情况的单位代表、职工代表和工会代表组成，有利于解决纠纷。除因签订、履行集体劳动合同发生的争议外，均可由本企业劳动争议调解委员会调解。但是，与协商程序一样，调解程序也由当事人自愿选择，调解不成，当事人一方要求仲裁的，可以向仲裁机构申请仲裁。

3. 仲裁程序

仲裁程序是劳动纠纷的一方当事人将纠纷提交劳动争议仲裁委员会进行处理的程序。该程序既具有劳动争议调解灵活、快捷的特点，又具有强制执行的效力，是解决劳动纠纷的重要手段。劳动争议仲裁委员会是国家授权、依法独立处理劳动争议案件的专门机构。申请劳动仲裁是解决劳动争议可选择的程序之一，也是提起诉讼的前置程序，即如果想提起诉讼、打劳动官司，必须经过仲裁程序，不能直接向人民法院起诉。

4. 诉讼程序

《中华人民共和国劳动法》第八十三条规定："劳动争议当事人对仲裁裁决不服的，可以自收到仲裁裁决书之日起十五日内向人民法院提起诉讼。一方当事人在法定期限内不起诉又不履行仲裁裁决的，另一方当事人可以申请人民法院强制执行。"诉讼程序即我们平常所说的打官司。诉讼程序的启动是由不服劳动争议仲裁委员会裁决的一方当事人向人民法院提起的。诉讼程序具有较强的法律性、程序性，做出的判决也具有强制执行力。劳动合同关系到每位劳动者的切身利益，劳动合同一旦签订，就具有法律层面的意义，会成为维护自身合法权益最有效的法律依据。大学生往往对相关的法律法规所知甚少，需要增强法律意识，全面提高综合素质，保障自身就业权益。

◆◆◆ **活动探索**

我的试用期权益

活动目标：阅读下面的案例，讨论劳动者在试用期内享有哪些权益。

小王是一位刚毕业不久的年轻人，充满着热情和对未来的渴望。然而，他很快就遭遇了一次就业骗局。毕业半年后，小王终于找到了一份工作。这是一家电商公司，小王面试时感觉公司外观看起来很好，并且提供了一份非常诱人的合同。他们承诺，入职后月工资3 500元，待3个月的实习期过后，小王的工资将涨到15 000元。然而，招聘人员说为了保证公司的利益和小王的未来发展，他们只能和小王先签一年的劳动合同。尽管有些犹豫，但在高额的诱惑面前，小王还是签下了合同。

从入职的第一天起，小王就很认真地工作，尽职尽责地完成自己的任务。他花费了很多时间学习和提升自己，希望能够表现出色。他很快就熟悉了电商运营的各项工作，并发现了一些可以改进的地方。他努力地工作着，并且在自己的岗位上取得了不错的成绩。

然而，当他满怀期待地等待实习期结束后转正时，却突然接到了公司的通知。通知中称，由于小王的业绩没有达到公司的要求，他们决定解除与小王的劳动合同。这个突如其来的决定让小王措手不及，他无法接受自己所付出的努力和心血无法得到认可的现实。小王感到很沮丧和失落。他很难理解公司为何在实习期结束后突然对他失去了信心。他开始怀疑公司从一开始就没有真正地想招他入职，只是将他当作填补劳动力暂时空缺的人选。

活动指导：

(1) 将全班学生平均分为若干个小组，每个小组以6~10人为宜。

(2) 各小组查阅资料，将讨论内容以书面的形式写下来。

小王所在公司违反了哪些法律规定？

_____

_____

_____

小王可以通过哪些途径维权？

_____

_____

_____

_____

10.3 有备无患 防范就业陷阱

任务设置

某职业技术学校毕业生马某，在历经数次求职挫折后，有幸获得一家企业的青睐。基于企业提出的条件，马某与企业签订了无薪试岗协议。该协议规定试岗期限为十个工作日，试岗合格者将自正式聘用之日起计发工资；若试岗未达到用工标准，则不予支付劳动报酬。试岗期结束后，马某未被该企业正式录用，但他感到自己被企业所利用，无偿贡献了十个工作日的劳动。虽心有不甘，但鉴于损失不严重，马某最终选择了默默承受、息事宁人。

讨论：请查询近期媒体报道中常见的就业陷阱，并列出规避措施，完成表10-2。

表 10-2　常见就业陷阱及其规避措施

序号	就业陷阱	规避措施
1		
2		
3		
4		
5		

任务学习

调查显示，近五成求职者在求职过程中遭遇过就业侵权行为。初涉职场的大学生更应当树立善思、笃行、明辨的防范意识，擦亮眼睛、提高警惕，学会运用法治思维和法治方式维护自身权益、化解矛盾纠纷，依法维权。

一、常见的就业侵权行为

（一）招聘阶段的侵权行为

1. 歧视行为

随着劳动力市场竞争的加剧，就业歧视的现象愈发常见，涉及的群体在求职者总数中占相当大的比例，对劳动力市场造成了严重的扭曲和损害。

劳动者在求职过程中遇到的就业歧视常有性别歧视、户籍歧视、学历歧视，还有疾病歧视、身高歧视、相貌歧视等。

2. 虚假岗位

虚假岗位是求职者遭遇的虚假广告中的一种，即用好听的新名词、新概念包装岗位，将其吹得天花乱坠，实际上就是让人去街头推销产品等。除此之外，还有高薪诱导陷阱，如允诺付给求职者高出期望的薪酬，等到求职者上岗后才发现，高薪只是空中楼阁，因为业绩根本达不到规定的高薪起点。

（二）试用期间的侵权行为

1. 不签订劳动合同

试用期是用人单位与劳动者之间为了互相了解、双向选择而约定的考查期限，规定试用期的目的是维护劳动者和用人单位双方的权益。但由于当前的劳动力市场供大于求，劳动者的权益在试用期间常常被用人单位漠视或侵犯。比较常见的侵权表现是不签订劳动合同，要求求职者先干活，试用合格再签订合同，将试用期合格作为订立劳动合同的前提。

2. 只试用不录用

按照法律规定，试用期间劳动者被证明不符合录用条件的，用人单位可以解除劳动合同。这一规定却成为一些用人单位辞退员工的常用理由，假借试用期获取廉价劳动力，然后用一句"不符合录用条件"就把求职者打发了。但录用条件应当是经公布、为用人单位和劳动者所共知的，而不仅仅是用人单位手里的一张牌，可以随时拿出来侵犯劳动者的合法权益。

互动思考

试用期结束后，公司人事经理通知你，根据考核结果与你解除劳动合同，你该如何处理？

3. 试用期成"剥削期"

超低工资或零工资就业是求职者为求得工作岗位，一段时间内以超低工资工作甚至免费劳动的现象。若是非劳动关系型实习，且双方商定无需支付报酬，那么用人单位不发工资是可以的。但是若用人单位与劳动者签订了就业合同还是实行超低工资或零工资，就违反了《劳动合同法》的规定："劳动者在试用期的工资不得低于本单位相同岗位最低档工资或者劳动合同约定工资的百分之八十，并不得低于用人单位所在地的最低工资标准。"

4. 随意延长试用期

用人单位随意延长试用期也是较常见的侵权行为。一种情况是将应该试用一个月的延长至三个月、应该试用三个月的延长至半年，甚至不管合同期限长短，一律规定半年的试用期。另一种情况是试用期满后，用人单位单方面变换劳动者岗位后重新约定试用期。《劳动合同法》规定："劳动合同期限三个月以上不满一年的，试用期不得超过一个月；劳动合同期限一年以上不满三年的，试用期不超过二个月；三年以上固定期限和无固定期限的劳动合同，试用期不得超过六个月。同一用人单位与同一劳动者只能约定一次试用期。"

（三）签订合同的侵权行为

1. 口头合同

一些用人单位仅与求职者就责、权、利等方面达成口头约定，并不签订正式文件。一些涉世未深的学生极易相信那些冠冕堂皇的许诺，以为"君子一言，驷马难追"，而不怀疑对方的诚意。但这种口头合同是最靠不住的，根本不具备任何法律效力。所以对用人单位的口头承诺要留下书面证据，以保护自己的合法权益。

2. 单方合同

一些企业利用应聘者求职心切的心理，只约定劳动者有哪些义务，如遵守企业的各项规章制度、若有违反要承担怎样的责任、毁约要缴纳违约金等，而关于劳动者的权利几乎只字不提，这是不平等合同，求职应聘时应多加注意。双方协商签订合同后，合同仅用人单位单方持有，不给劳动者，这也构成单方合同。因为如果发生劳动纠纷，劳动者虽签订过合同但未持有，就会陷入被动局面。当然，劳动者可以通过任命书、工资条、考勤卡等证明劳动关系，对此有异议也应由用人单位举证，但劳动关系以外的承诺则很难得到证明。因此，签订劳动合同的双方务必各执一份。

3. 格式合同

格式合同是指用人单位按照国家有关法律法规和劳动部门制定的合同范本事先打印好的聘用合同。用人单位往往利用其优势地位，制定一些不公平条款，侵犯劳动者的合法权益，而且合同中的具体条款往往表述含糊，甚至可以有几种解释。一旦发生纠纷，招聘方总会振振有词地拿出这种所谓规范化的合同来为自己辩护，最后吃亏的还是应聘者。

4. 生死合同

在一些有一定危险性的行业中，如电镀、工矿、机械、建筑等，一些生产经营单位为逃避应该承担的责任，常常在签订合同时要求应聘方接受"生死协议"，甚至强迫劳动者与其订立

"生死合同"，即一旦发生人身伤亡事故，用人单位只需给劳动者家属很有限的补偿金，就不再承担任何责任了。有的劳动者要么考虑到待遇比较高，要么不愿意失去工作，因此敢怒不敢言，违心地签订了合同。如果真的发生了意外，将给自己的维权之路带来非常大的困难。

二、就业权益的自我维护

1. 增强自我保护意识

高校毕业生应该端正求职心态，防止急躁情绪的出现。激烈的就业竞争往往会使毕业生产生盲目、焦急和浮躁等不良心态，这就给了一些不法单位和机构可乘之机。因此，要调整情绪，保持平稳心态，在求职前做好心理准备，防止因轻信而上当受骗。另外，还应对用人单位进行全面深入的了解，未雨绸缪。毕业生有择业知情权，签约前，应通过多种途径了解用人单位的各方面情况，最好能够实地考察，以做到心中有数。同时，应慎签就业协议和劳动合同，不可盲目草率。应仔细阅读协议和合同的各项条款，明确双方的权利和义务，不留漏洞，以免日后产生纠纷。

2. 增强法律意识

要想用法律手段维护自己的权益，就必须学习掌握与就业有关的法律法规，增强法律意识。当自己的权益遭受侵害时，才能积极运用法律武器，力争维护自己的合法权益。尤其是在签订就业协议、订立劳动合同这些用人单位容易"钻空子"的环节中，切记要按法律程序进行。

3. 增强契约意识

毕业生与用人单位签订的就业协议是确立双方当事人之间劳动关系的一种契约，具有法律效力。毕业生要具备契约意识，一方面通过协议保护自己的合法权益；另一方面必领严格遵守就业协议，积极履行协议内容，未经对方同意不得擅自毁约、违约，否则就要承担法律责任。

4. 增强维权意识

毕业生不但要明确自己在就业过程中享有哪些权利，还要具有强烈的维权意识，当合法权益受到侵犯时，要敢于拿起法律武器据理力争，而不是选择忍气吞声、不了了之。只有这样，才能真正使自己处在与用人单位平等的地位，切实维护自己的合法权益。

三、就业权益保护途径

在自己的就业权益受到侵犯时，不能惊慌失措，更不能冲动蛮干，要懂得运用合法途径保护自己合法、正当的权益。

就业权益保护途径

◆◆◆ 活动探索

就业权益相关知识抢答

一、活动目的和要求

在大学生就业走向市场化、法治化的今天，大学生在整个求职择业过程中应该增强法律意识，自觉遵守市场规则，并学会用法律武器保护自己的合法权益。大学生必须全面了解与就业有关的法律法规，明确自己、用人单位、学校在就业过程中的权利和义务。本活动有利于学生熟悉就业权益保护知识，提升自我保护意识和能力。

二、活动准备

（1）将全班同学分为 A、B 两个组，每个组再分为若干个小组，每个小组以 3~4 人为宜。

（2）熟悉就业权益知识。

（3）准备纸张、签字笔和评分表等。

三、活动内容和步骤

1. 准备问题与答案

A 组和 B 组分别写出关于就业权益知识的一些问题和答案。

2. 交换问题与答案

教师收集 A 组内各个小组的问题和答案，并与 B 组内各个小组的问题和答案进行交换。

3. 抢答

（1）每个小组选出一名代表进行提问，组内其他成员进行抢答。

（2）小组代表统计组内各个成员的抢答情况，答对得 1 分，答错不得分，不答题也不得分。小组内得分最高的人为获胜者。

四、注意事项

（1）小组代表念题目时，组内其他成员不得随意打断，要等题目念完之后再进行抢答。

题目示例
及答案

（2）每人准备的题目不得低于 5 个。

（3）除小组代表外，每名学生的得分不得低于 1 分。

五、活动总结

（1）你获胜了吗？如果没有，你和获胜者之间有怎样的差距？

（2）准备问题时，你学到了哪些就业权益保护知识？

（3）就业过程中，如何才能保护自己的权益？

第11章 绘制扬帆蓝图 初踏创业之旅

学习目标

【知识目标】

1. 精准阐释企业家精神的核心内涵，清晰列举创新、冒险、合作、坚持、社会责任等关键要素及其在创业活动中的具体体现；

2. 系统掌握创业机会的特征，准确区分可开发性、可盈利性和时效性的定义，并能结合实际案例说明这些特征对创业成功的影响；

3. 熟练掌握创业计划书的格式规范，明确计划书的要素（产品与服务、市场与竞争、计划摘要）、基本结构（形式部分、本体部分、补充部分）、常见误区及其应对措施。

【技能目标】

1. 依据创业项目需求，熟练运用创业机会识别方法，系统分析项目的可行性和潜在风险，准确判断该机会是否适合创业企业发展；

2. 结合创业项目实际情况，精准识别所需的各类创业资源，灵活运用市场途径和非市场途径，制订切实可行的资源获取策略，并合理整合和管理资源。

【素质目标】

1. 深度培养企业家精神，在创业实践中积极践行创新、冒险、合作、坚持和社会责任等价值观，勇于面对创业过程中的困难和挑战，始终保持积极进取的创业态度；

2. 着力提升创业实践能力和问题解决能力，在实践中不断总结经验教训，持续优化创业策略和方法，逐步增强对创业环境的适应能力和应变能力；

3. 大力激发创业热情和创新思维，积极关注创业领域的新动态、新趋势，主动探索创业机会，勇于尝试新的创业模式和方法，不断提升自身的创业竞争力。

11.1 企业家精神与创业机会识别

任务设置

"互联网+"指利用信息通信技术和互联网平台，让互联网与传统行业进行深度融合，创造新的发展生态，充分发挥互联网在社会资源配置中的优化与集成作用，促进传统行业的新发展，建立广泛的以移动互联网为实现工具的经济发展新形态。在全民创业的趋势下，这种经济模式无疑会为大学生创业者带来更多的发展机会。例如互联网+现代农业，涉及农、林、牧、渔等。在传统农业养殖的基础上积极开展电子商务，实行新的生产运营管理与销售模式，通过线上下单线下体验等，为广大消费者提供服务。

请与小组成员讨论还有哪些"互联网+"创业机会，将讨论结果填在表11-1中。

表11-1 · 小组讨论记录

序号	创业机会	经营方式/特点
1	互联网+_____	
2	互联网+_____	
3	互联网+_____	
......		

任务学习

一、企业家精神

（一）企业家精神的本质

成功的创业者不同于其他群体的显著特点是具有独特的企业家精神。企业家精神是一种精神品质，在创业活动中主要表现为勇于创新、敢当风险、团结合作、坚持不懈、承担社会责任等。

1. 勇于创新

企业家精神的核心是创新。创新是创业者的灵魂，是创业者素质最主要的特征。创业者要有创新意识、创新精神、创新能力、创新行为，对新事物、新环境、新观念、新技术、新体制、新需求、新动向具有敏锐的洞察力、吸纳力、转化力，不断对生产要素进行新组合，不断开发新产品，采用新技术、新工艺，开辟新市场，建立新机制，启用创新人才，谋划新战略，制订新规章。

2. 敢当风险

当一个机会突然出现时，风险肯定也随之而来。创业者只有敢于冒险，才能果断地抓住机会。中国有句古训："才、学、胆、识，胆为先。"有胆识的人敢当风险，这种特质在转折时刻至关重要。创业者大多需要放弃以前的工作和稳定的收入，而时间的紧张、信息的匮乏、害怕亲友失望的顾虑等，都会给创业者带来更大的压力。

3. 团结合作

团结合作是企业家精神的重要支柱。现在的创业活动很少依靠个人单打独斗，更多的是团队创业。没有团队精神，不与他人协同攻关，很难创业成功。一个人干可能不成功，几个人干才可能成功，不同领域的人协力做一件事，成功的可能性最大。在学科交叉、技术集成、知识融合的背景下，个人作用越来越被弱化，成就事业的关键在于群体力量。创业者只有善于同他人合作，才能兼收并蓄、集思广益，才能有所突破、有所创新。

4. 坚持不懈

坚持不懈是企业家精神的本色。古人说："锲而舍之，朽木不折；锲而不舍，金石可镂。"坚持不懈的创业者个性坚定，做任何事都非常有毅力，坚韧不拔，有无比的耐性和持久性。创业的道路充满坎坷，无论是面对成功还是失败，创业者都必须有坚持不懈的品格。

纵观每个成功企业的创业史，它们都是在经历了一次次的挫折与失败后得以建立起来的。因此，在失败面前，创业者要坚韧不拔、矢志不移，在成功面前也要如此。

5. 承担社会责任

勇于承担社会责任是企业家精神的重要内容。企业承担社会责任的基本要义是"取之于社会，用之于社会"。首先，企业的管理和产品是其承担社会责任的直接体现，合法经营、诚信往来、提供安全可靠的产品是企业承担社会责任的基本要求。其次，企业承担社会责任具体体现为发挥扩大就业主渠道的作用。企业应该融入当地，如投入一定的财力、物力、人力，帮助社区进行教育、卫生、交通等基础设施建设，改善居民的工作、生活环境等；进行适当的公益性活动，一方面能够树立企业的良好形象，另一方面也能够回报社会、实现社会价值。

（二）企业家精神的培育

面对创业途中的各种困难，企业家精神是解决困难、获得创业成功的内核支柱。对于一个创业者而言，拥有企业家精神是创业成功的先决条件。要想创业获得成功，就需要培养自己的企业家精神。企业家精神的培育途径可扫描二维码自主学习。

企业家精神的培育

二、创业机会

（一）创业机会的特征

《创业学：21世纪的创业精神》的作者蒂蒙斯提出，好的创业机会有以下四个特征：第一，能吸引顾客；第二，能在创业者所处的商业环境中行得通；第三，必须在机会窗口存在的期间被实施；第四，创业者必须有资源和技能才能开展业务。概括而言，创业机会具有可开发性、可盈利性和时效性三个特点。

创业机会的特征

（二）影响创业机会识别的因素

创业机会识别是一个不断调整、反复的过程。不同的创业者可能关注不同的创业机会，即使是同一个创业机会，不同的人对其评价也往往不同。因此，影响创业机会识别的因素成为相关研究的重点之一。识别创业机会受到历史经验等多种因素的影响，下面是取得共识的四类主要因素。

1. 先前经验

在特定行业中的先前经验有助于创业者识别机会，如在某个行业工作，个体可能识别出未被该行业满足的利基市场。同时，创业经验也非常重要，一旦有过创业经验，创业者就会比较容易发现新的创业机会，这被称为"走廊原理"，即创业者一旦创建企业，就开始了一段旅程，在这段旅程中，通向创业机会的"走廊"将变得清晰可见。这个原理提供的见解是，某个人一旦投身于某个行业创业，将比那些从行业外观察的人更容易看到行业内的新机会。

2. 认知因素

有些人认为，创业者的第六感使他们能看到别人错过的机会。多数创业者也以这种观点看待自己，认为自己比别人更警觉。警觉很大程度上是一种习得性的技能，在某个领域拥有比别人更多知识的人，倾向于比其他人对该领域内的机会表现得更警觉。例如，一位计算机工程师会比一位律师对计算机产业内的机会和需求更警觉。创业警觉潜藏在创业者对机会的独特敏感性和洞察力中，正是由于这种能力的存在，一些创业者能够发现并成功利用创业机会，获得商业利润。同时，表现在创业者与职业经理人身上的创业警觉程度有显著差异，这反映出创业警觉是创业者特有的一种素质。此外，虽然创业警觉具有极其特殊的价值，但它难以测量和把握。有些研究人员认为，创业警觉不仅是敏锐地观察周边事物，还包括个体头脑中的意识行为。例如，有位学者认为，机会发现者（即创业者）与未发现者之间最重要的差别在于对市场的相对评价，换句话说，机会发现者可能比其他人更擅长估计市场规模并推断其潜藏的信息。目前，不少学者利用认知心理学乃至社会心理学的理论知识研究创业行为，值得关注。

3. 社会关系网络

社会关系网络是创业机会信息的重要来源，它的广度和深度会影响信息的数量和质量。建立了大量社会与专家关系网络的人，比那些拥有少量关系网络的人容易得到更多的机会和创意。一项对 65 家初创企业的调查发现，半数创建者通过社会关系网络得到了商业创意。一项类似的研究考察了独立创业者（独自识别出商业创意的创业者）与网络型创业者（通过社会关系网络识别创意的创业者）之间的差别，研究人员发现，网络型创业者比独立创业者识别出更多的机会，但他们不太可能将自己描述为特别警觉或有创造性的人。在社会关系网络中，按照关系的亲疏远近，可以将各种关系大致划分为强关系与弱关系。强关系以频繁相互作用为特色，形成于亲戚、密友和配偶之间；弱关系以不频繁相互作用为特色，形成于同事、同学和一般朋友之间。研究显示，创业者通过弱关系比通过强关系更可能获得新的商业创意，因为强关系主要形成于具有相似意识的个人之间，从而倾向于强化创业者已有的见识与观念。而在弱关系中，个体之间的意识往往存在着较大差异，因此创业者可能会被其他人说的一些事情激发出全新的创意。此外，社会关系网络的性质不但会影响机会识别本身，还会影响机会识别的其他因素，如创业警觉、创造力等。

4. 创造性

创造性是产生新奇或有用创意的创新特性，从某种程度上讲，机会识别是一个创造过程，是不断反复的带有创造性的思维过程。在了解到更多信息的基础上，创业者会更容易发现创业机会。

（三）识别创业机会的一般过程

创业机会识别是一个多阶段的、反复思考和探索互动，并将创意进行转变的复杂过程。对个体而言，创业机会识别可以分为五个阶段，如图 11-1 所示。其中垂直箭头表示，如果在某个阶段没有足够信息使识别过程继续下去，最佳选择就是返回到准备阶段，以便在继续前进之前获得更多的知识和经验。

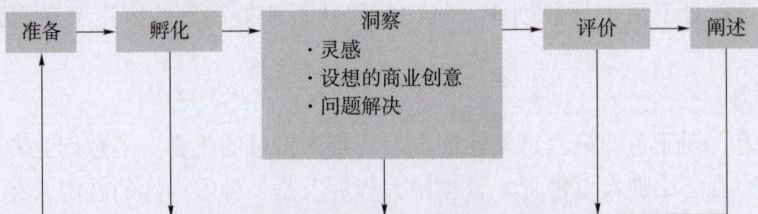

图 11-1 识别创业机会的一般过程

1. 准备阶段

准备是指创业者在机会识别过程中的背景、经验和知识，即从以往的工作经验中发现机会（机会的特征）。准备存在深思熟虑与无意识两种状态，不管是有意识地期待机会出现还是无意识地关注机会都可算在内，此处的"准备"指的是创业者的背景及个人经历。正如运动员必须练习才能变得优秀一样，创业者需要经验来帮助识别机会。研究表明，50% ~ 90%初创企业的创意来自个人的先前经验。

2. 孵化阶段

孵化是个人仔细考虑创意和思考问题的阶段，也是对事情进行深思熟虑的时期。孵化是创业者的创新构思活动，比如构思一个商业设想或者一个具体的现实问题。孵化有时候是有意识的行为，有时候是无意识的行为，"思想徘徊在意识的门边"描述的就是这个阶段的特点。

3. 洞察阶段

洞察是识别机会的闪现，在该阶段，创业者发现问题的解决办法或产生创意。有时候，它被称为"灵感"体验，集中表现为发现体验、问题得到解决、意念分享等。在商务环境中，这是创业者识别出机会的时刻。有时候，这种经验推动识别过程向前发展；有时候，也会促使个人返回到准备阶段。例如，创业者可能意识到机会的潜力，但在追求机会之前需要更多的知识和考虑。

4. 评价阶段

评价是机会识别过程中仔细审查创意并分析其可行性的阶段。许多创业者错误地跳过这个阶段，在确定创意可行之前就设法去实现它。评价是机会识别过程中特别具有挑战性的阶段，因为它要求创业者对创意的可行性采取一种公正的态度。

5. 阐述阶段

阐述就是指将详细的构思呈现出来，是将创造性创意变为最终形式的过程。正确表达是再创意的过程，也是商业化的起点，高效率地推动创意转化为机会，也可以说阐述是机会的再发现。在创业活动中，这正是撰写商业计划书的时候。结合前面对于机会来源的讨论，可以大致勾勒出创业机会识别过程的轮廓，如图 11-2 所示。

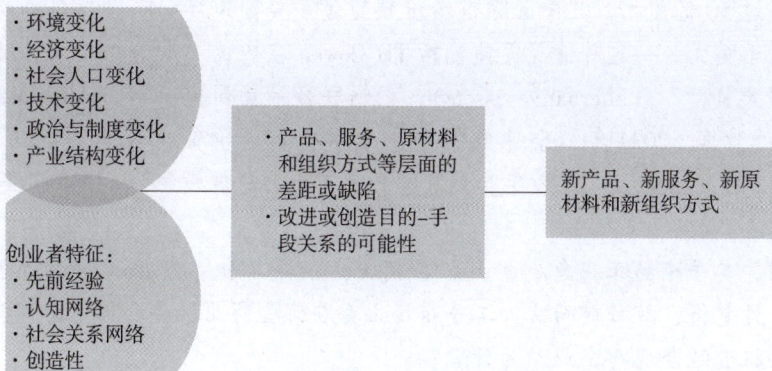

图 11-2 创业机会的识别过程

图 11-2 的核心观点是，机会识别是创业者与外部环境（机会来源）互动的过程，在这个过程中，创业者利用各种渠道和各种方式掌握并获取有关环境变化的信息，从而发现现实世界中产品、服务、原材料和组织方式等方面存在的差距或缺陷，找出改进或创造目的-手段关系的可能性，最终识别出可能带来的新产品、新服务、新原料和新组织方式的创业机会。

◆◆◆ 活动探索

请阅读下面节选自《哈佛商业评论》（中文版）2023 年 11 期《"二手经济"新浪潮》一文的内容。

如果你和大多数人一样，善于购买商品，却不善于处理闲置物品，那么问题可能出在心理层面。我们都会对某些东西产生依恋，尤其是当它们具备情感或物质价值时。但挑战往往是很实际的：你该如何处理那台不再使用的旧计算机、那双一直不合脚的靴子或者那块不再佩戴的高级手表？

如果你无法或不愿找出答案，那你可能正在采取一种被称为"延迟处理"（deferred disposal）的做法。起初，你什么也不做，只是让东西闲置——放在桌子下面，塞进衣柜里。然后，随着生活中杂物的累积，你会把它们搬到地下室或车库里，甚至把它们放到付费仓库中。多年后，这些东西可能会积满灰尘，隐隐约约地困扰着你，但最终，你或者从你手中继承这些东西的人，将决定摆脱它们，通常是将它们全部扔掉。

很多人都会这么做。根据研究和咨询公司 GlobalData 的数据，2021 年，平均每个美国家庭拥有价值 4 517 美元的潜在可再利用物品，国际上也存在类似的情况。这是一笔相当大的待释放价值。如今，企业终于开始认真思考如何获取这部分价值。

如何做到？通过拓展企业自身的二手销售——转售能力。转售市场已经存在很久了，比如在家庭庭院售卖、二手车交易市场和分类广告中都能见到。但现在发生变化的是市场规模，Z 世代消费者对可持续发展日益增长的需求在很大程度上推动了这一市场的发展。研究和咨询公司 GlobalData 的报告显示，全球 74% 的消费者会购买转售商品，主要类别是服装、电子产品和家居用品。从苹果、劳力士到沃尔玛、露露乐蒙，各种大品牌都在进军这一市场。据估计，如今仅运动鞋的转售市场规模就超过 50 亿美元，其中国际市场份额超过了美国市场。一些罕见的运动鞋可以卖到数千美元——这种情况促使包括 TD Cowen 在内的一些金融公司，将运动鞋视为"另类资产"（alternative assets）。根据联合市场研究公司（AlliedMarket Research）的数据，2021 年，全球翻新和二手手机市场价值已经达到 520 亿美元。GlobalData 的报告显示，2023 年，美国的转售市场的总规模约为 1 750 亿美元。

毫无疑问，二手市场正在急剧扩大。在我国，各类二手交易 App 和活动也在赢得更多年轻消费者。你觉得，就目前而言，二手市场上存在哪些商业机会？你觉得哪些机会适合创业企业，哪些机会适合现存企业？为什么？

11.2 创业计划书的撰写要点

任务设置

假设学校愿意在校内以极低的价格提供一间面积为 30 平方米的房屋供大学生创业使用，要求有意愿的大学生提交一份创业计划书来竞争房屋的使用权。你会以什么样的创业项目去竞争？请大体写出你的创业构想。

_____
_____
_____
_____
_____

任务学习

一、创业计划书的格式

（一）创业计划书的要素

如何写创业计划书？创业计划书的关键内容又是什么？回答这个问题，一定要站在潜在投资者的角度，采取换位思考的方式进行。投资者对项目最关心的问题集中在项目是否能够成功、能否保障资金的回报与安全两个方面。那些既不能给投资者以充分的信息，也不能使投资者激动起来的创业计划书，其最终结果只能是被扔进垃圾箱里。

因此，编写创业计划书的关键要素包括产品与服务、市场与竞争、计划摘要三个方面。

产品与服务的内容应包括产品正处于什么样的发展阶段、它的独特性有哪些，企业分销产品的方法有哪些，谁会使用企业的产品，产品的生产成本和售价是多少，企业发展新的现代化产品的计划是什么，等等。市场与竞争的内容应包括对目标市场的深入分析和理解，经济、地理、职业、心理等因素对消费者选择购买本企业产品这一行为的影响，主要的营销计划（列出本企业打算开展广告、促销和公共关系活动的地区，明确每一项活动的预算和收益）。

创业计划书中的计划摘要也十分重要，必须能让读者有兴趣并渴望得到更多的信息，此举也将给读者留下长久的印象。计划摘要是最后撰写的内容，却是出资者最先看到的内容。它需要从计划书中摘出与筹资最相关的细节，包括对公司内部基本情况、管理队伍等的简明而生动的概括。如果公司是一本书，它就像是这本书的封面，做得好就可以吸引投资者，给对方留下这样的印象："这个公司将成为行业中的巨人，我已等不及要去读这个计划的其他部分了。"

（二）创业计划书的格式规范

在撰写创业计划书的过程中，一方面要积极关注创业计划书的核心要素；另一方面，由于创业计划书面对的读者往往是具有专业背景的投资专家，因此，创业者也需同时关注创业计划书的撰写格式。创业计划书应当简洁明了，让读者能快速找到自己感兴趣的内容，因此，对于那些可能会引起读者兴趣的主题都应该全面而简要地阐述。

一般来说，创业计划书的最佳长度为 25~35 页。写作风格既不要太平淡无奇，引不起读者的兴趣，也不要太花里胡哨，煽动性过强。计划书要有冲击力，能够抓住投资者的心。一定要记住，创业计划书既不是报告，也不是文艺作品，而是一篇实实在在的说明书。

创业计划书应当尽量客观，用事实说话。凡是涉及数字的地方，一定要定量表示。提供必要的定量分析。所有数字要求客观、实际，切勿凭主观意愿估计。有些人在讲述他们的创意时会得意忘形。的确，有些事情需要以一种充满激情的方式讲述，但应该尽量保持客观，使投资者有机会仔细地权衡你的论据是否有说服力。像广告一样的商业计划并不能起到很好的吸引投资者的作用，反而会引起投资者的怀疑、猜测，而使他们无法接受。

（三）创业计划书的基本结构

一般来说，创业计划书的结构分为三大部分。首先是外部包装部分，包括创业计划书的封面、扉页、目录等；其次是本体部分，也就是创业计划书的主要内容；最后是补充部分，如专利证明、专业的执照或证书，或者是意向书、推荐函等。

1. 封面与扉页

封面可以根据相关行业、公司特性进行设计，应该包括创业计划书名称、单位名称、撰写人、撰写日期、执行日期、联系方式等内容。因为封面和创业计划书的本体部分可能分离，最明智的方法是在这两处都留下联系方式。如果公司已经有商标，那么应该把它放在靠近封面顶部中间的位置。图 11-3 提供了供参考的封面设计，创业者可根据具体情况予以适当调整。

项目编号：20××第×号

创业计划书

项目名称：_____

项目联系人：_____

联系方式：_____

图 11-3　创业计划书封面示例

如果封面没有警示读者保密的内容，则有必要设计扉页，即保密承诺。在保密承诺中，要注明创业计划属于商业机密，所有权属于某公司或某项目，未经同意，其他任何人不得将计划全部或部分地复制、影印，泄露或散布给他人。必要时，可以要求接收创业计划书复本的负责人签字承诺保密，如图 11-4 所示。

保密协议
（请收到本创业计划书的贵公司相关负责人签署）

本创业计划书内容涉及商业秘密，仅对有投资意向的投资者公开，本公司要求投资公司项目经理收到本创业计划书时作出以下承诺：妥善保管本创业计划书，未经本公司同意，不得向第三方公开本创业计划书涉及的商业秘密。

承诺人签字：
年　月　日

图 11-4　创业计划书保密协议示例

2. 目录

一份创业计划书最好有目录，这样可方便投资者查阅，目录及页面的样式可根据计划书主题进行设计。如果这份创业计划书主题不明、数据不清，那么，结果可能会使战略伙伴或创业投资者失望，甚至放弃合作意向。创业计划的每个主要部分都应列入目录，并标出所在页码。页码编排有两种方式，一种是直接顺序编排，如 1，2，3，…，9，10。这种编码方式适用于篇幅不长、涉及问题不复杂、寻求资金数量中等的比较简单的创业计划。示例如图 11-5所示。由于不影响整体页码编号，这种编码方式便于编写时插入新材料。

第一章　执行概要……………………………………………… 1

第二章　公司介绍
一、创办新企业的思路和情况………………………………… 2
二、公司预计成立时间、形式与创立者……………………… 3
三、公司股东背景资料、股权结构…………………………… 4
四、公司业务范围……………………………………………… 5
五、企业的目标和发展战略…………………………………… 6

图 11-5　创业计划书目录示例

3. 正文

创业计划书的内容即创业计划书的正文部分，包括创业计划的实施概要，企业、产品或服务介绍，市场预测，营销策略，生产（经营）计划，组织与管理，财务计划，风险评估，退出战略等方面。

4. 附录

创业计划书一般应该有附录，包含不必在正文中列明的补充资料，如企业的营业执照等证件、企业的组织结构图、产品说明书或照片、创业（管理）团队成员简历、具体财务报表等。通常，附录对于提高创业计划书的质量有着重要的作用，对于创业者获取外部资源的支持有着特殊的意义。一般来说，附录的内容可分为附件、附表和附图三部分。

二、创业计划书编写的常见误区及应对措施

1. 市场情况阐述模糊

应对措施：从最有可能打动读者的部分开始，首先写明对此项目的市场预期，以及目标客户、目标市场和在创业初期必将遇到的竞争对手等，此外还应该列出营销措施。大多数投资商认为，在创业中取得成功的秘诀就是要找到并开拓一个足够大的市场，故市场调研非常重要。给出的数据要做注释，权威数据应该给出来源，以增加可信度。

2. 缺少对竞争者和竞争形势的详细分析

应对策略：进入某个领域或市场前，应谋定而后动，做好如下分析。

（1）找到潜在客户群。

（2）对竞争者进行必要的分析。

（3）分析本行业处在生命周期的哪个阶段。

3. 缺少对不确定因素和应对措施的分析

应对策略：主动向在此行业里经营成功的企业家或创业导师咨询，请他们帮助分析计划书，借鉴他们的经验。但需要注意的是，专家和导师的意见也只能是供创业者参考，而不能代替创业者决策。

4. 预估的财务数据缺少依据

应对策略：凡是出现在财务报表中的数字都应该是有依据的，不能凭想象就写上去，要经得起推敲、经得住追问。

5. 创业团队不均衡

应对策略：团队成员在专业、性格、经验、经历甚至性别上要力求互补，不要都是同一类型的人员，这样不利于人岗匹配和协同作战。

◆◆◆ 活动探索

1. 活动内容

现在你所在的创业小组拟开一家售卖银饰的网店，请据此撰写一份创业计划书。

2. 活动目的

优秀的创业计划书能够吸引投资者的目光，增加创业者创业成功的概率。本次活动通过尝试撰写创业计划书，让学生了解创业计划书的基本格式和组成部分，能够对创业计划书进行有效的评估，掌握撰写创业计划书的要领。

3. 活动步骤

（1）将全班学生分为若干小组，每组人数视具体情况而定。

（2）了解背景资料，仔细阅读并提炼主题：

现在有很多年轻人选择回到自己的家乡或利用家乡特有的资源进行创业。有位大学生的家乡是一个以银匠的精湛手艺而闻名的地方，但位置偏僻，当地居民收入水平较低，生意十分难做。这位大学生在毕业以后，想回到家乡创业，将家乡的银器发扬光大。她打算开设一家网店，专营当地的银饰品，改善当地居民的生活。

（3）学生自主收集并整理出撰写创业计划书需要的资料。

（4）各小组根据收集到的资料，整理创业计划书的结构，撰写各部分的主要内容。

（5）按小组提交创业计划书。

（6）任课教师对各小组的创业计划书进行点评。

4. 注意事项

在进行创业计划书的撰写时，要仔细阅读上文给出的材料。先提炼出材料中的关键信息，再根据关键信息撰写创业计划书。创业计划要贴合实际情况。例如，这位大学生的家乡以银匠的精湛手艺闻名，那么在制订创业计划时，可考虑做成品牌来宣传当地的银饰品。

11.3 创新创业资源与政策支持

任务设置

如果你是一名刚毕业的大学生，想要开一家咖啡店，但由于刚毕业，在经验和资金等方面比较缺乏。如果你想要接着创业，应该得到哪些方面的创业资源？可以通过哪些渠道获取你所需要的创业资源？请将你的想法写出来。

_____

_____

_____

_____

_____

任务学习

一、创业资源的内涵

创业资源是指新创企业在创造价值的过程中需要的特定的资产，包括有形与无形的资产，它是新创企业创立和运营的必要条件，其主要表现形式为创业人才、创业资本、创业机会、创业技术和创业管理等。

创业资源是新创企业成长过程中必需的资源，按照不同标准有以下两种分类方式：

1. 按照资源的表现形式分类

（1）有形资源（实体资源）：一切能够看见的、身体能够感受到的条件，如工资标准、福利待遇、职位级别等。

（2）无形资源（虚拟资源）：一切无形的、通过精神活动或智力创造所获得的资源，如知识、人生观、思想等。

2. 按照资源对企业成长的作用分类

（1）要素资源：直接参与企业日常生产、经营活动的资源，主要有场地资源、人力资源、资金资源、技术资源、管理资源等。

（2）环境资源：未直接参与企业生产，但其存在可以极大地提高企业运营的有效性的资源，主要有政策资源、信息资源、文化资源、品牌资源等。

二、创业资源的重要性

明确资源的具体分类和获取方式对企业的发展和崛起起着重要作用。要素资源直接促进新创企业的发展，而环境资源可以影响要素资源，并间接促进新创企业的成长。在进行创业时，只有正确地获取创业资源并加以合理、有效的利用，才能在更大程度上获得创业机会，提高创业绩效，并取得创业的成功。

创业资源对于高科技
新创企业的重要性

三、获取创业资源的途径和技能

1. 获取创业资源的途径

创业资源按其来源可分为自有资源和外部资源。创业资源获取的途径包括市场途径和非市场途径。市场途径是指通过支付一定的费用在市场上购买相关资源；非市场途径则是指通过社会关系，用最小的代价，甚至无偿获取资源。

显然，创业者的自有资源往往是通过非市场途径获取的。起步阶段的创业者往往囊中羞涩，很难通过购买的方式获取创业所需的各种外部资源，因而非市场途径成为创业者的首选，甚至无偿获取创业资源也并非不可能。

获取外部资源的关键在于拥有资源使用权，或能控制和影响资源配置。对于特定的创业资源，应当根据创业项目和创业者的实际情况，综合考虑获取方法。

创业资源获取的关键往往是企业的软实力。无形资源往往是驱动有形资源的重要杠杆。

2. 获取创业资源的技能

成功的创业活动必须对机会、创业团队和资源三者进行最适当的匹配，并且还要随着事业的发展而不断维护其动态平衡。在创业团队建立以后，创业者就应该设法获得创业所必需的资源，这样才能顺利实施创业计划。为了合理获取、利用资源，创业者往往需要制订创业战略，而创业团队则是实现创业目标的关键组织要素，为此，创业者或创业团队必须具有高超的领导力和沟通能力，能够适应市场环境的变化，而沟通能力是其中尤为重要的一种能力。

沟通能力对创业资源获取的重要性

四、大学生自主创业优惠政策

为支持大学生创业，国家和各级政府出台了一系列优惠政策，涵盖税收减免、贷款支持、资金补贴、行政简化等多个方面。

大学生自主创业优惠政策

◆◆◆ 活动探索

1. 活动内容

选择一个创业项目，根据项目具体情况列出所需要的内部、外部资源和需要继续获取的资源（表11-2、表11-3），同时分析项目实施已经具备的资源，找出资源整合的具体途径和方法。

2. 活动目的

通过本次活动，了解自身的创业资源，建立自我创业资源库，利用前面所学理论知识，有效整合、管理和评估自己的创业资源。

3. 活动步骤

（1）全班学生分为若干小组，每组人数为4~6人，同时选出一个小组负责人。

（2）各小组确定自己的项目名称。

（3）列出项目实施需要的资源。

（4）列出已经具备的资源。

（5）写出资源的具体开发途径和方法。

（6）写出资源的整合利用途径和方法。

表 11-2　内部资源盘点

资源种类	分类	具体描述
内部资源	资金	
	房产	
	交通工具	
	技术专长	
	信用资源	
	经验	
	个人能力	

表 11-3　外部资源盘点

资源种类	分类	具体描述
外部资源	政府资源	
	人力资源	
	人脉资源	
	信息资源	
	技术资源	
	资金资源	

第 12 章　素质决定高度　能力成就梦想

学习目标

【知识目标】

1. 深入理解影响职业适应的多元因素，包括社会环境、个人特质等，熟练掌握提升职业适应能力的具体方法；

2. 系统了解职业能力的构成，包括问题处理、学习、抗压等关键能力的定义、特点及提升方法，熟悉解决问题的一般过程和步骤。

【技能目标】

1. 能够运用职业适应方法，快速融入模拟或真实职场环境，独立完成工作职责梳理和人际关系构建，解决职业适应过程中遇到的实际问题；

2. 能够结合个人职业目标，合理规划职业晋升路径，制订各阶段的能力提升和关系积累计划，并根据职场变化及时调整职业发展策略，推动个人职业生涯持续发展。

【素质目标】

1. 树立正确的职业价值观，培养敬业精神和责任感，主动践行职业道德，在职业活动中坚守道德底线，积极承担职业社会责任；

2. 强化终身学习意识和自我提升意愿，保持对职场变化的敏锐感知，勇于接受职业挑战，在不断学习和实践中持续提升职业素养和综合能力。

12.1　职场新人指南与职场文化适应

任务设置

从校园到职场，大学生需要完成从学生到职场人角色的转变。

请同学们讨论，要想成为一名优秀的职场人，应该具备哪些条件、有没有一些适应技巧。请将关键词写在下方。

_____

_____

_____

_____

_____

任务学习

一、影响职业适应的因素

导致当前一些大学生职业适应困难的原因，既包括社会性原因，也包括大学生自身的原因。其中，社会因素需要全社会共同努力改善，而自身问题则需要自己去发现并解决，如图 12-1 所示。

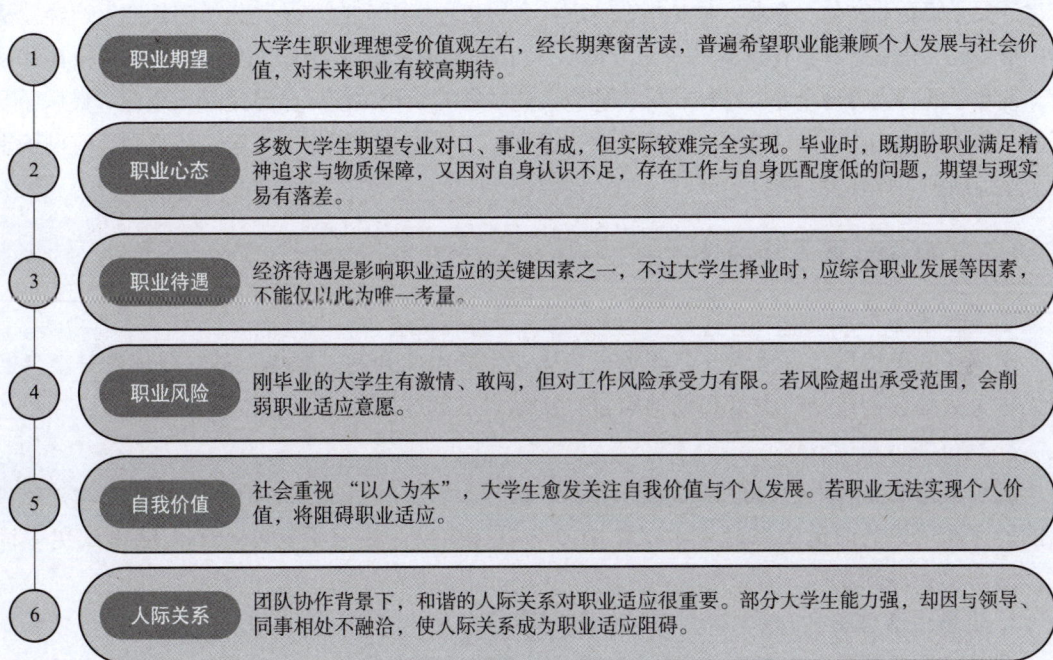

1 **职业期望** 大学生职业理想受价值观左右，经长期寒窗苦读，普遍希望职业能兼顾个人发展与社会价值，对未来职业有较高期待。

2 **职业心态** 多数大学生期望专业对口、事业有成，但实际较难完全实现。毕业时，既期盼职业满足精神追求与物质保障，又因对自身认识不足，存在工作与自身匹配度低的问题，期望与现实易有落差。

3 **职业待遇** 经济待遇是影响职业适应的关键因素之一，不过大学生择业时，应综合职业发展等因素，不能仅以此为唯一考量。

4 **职业风险** 刚毕业的大学生有激情、敢闯，但对工作风险承受力有限。若风险超出承受范围，会削弱职业适应意愿。

5 **自我价值** 社会重视"以人为本"，大学生愈发关注自我价值与个人发展。若职业无法实现个人价值，将阻碍职业适应。

6 **人际关系** 团队协作背景下，和谐的人际关系对职业适应很重要。部分大学生能力强，却因与领导、同事相处不融洽，使人际关系成为职业适应阻碍。

图 12-1 影响职业适应的自身因素

除此之外，性格也会对职业适应产生影响。性格越外向的人适应能力越强，有助于在受挫折时积极调整心态，从逆境中奋起。

课堂延伸

请通过扫描二维码查看社会适应能力诊断量表，初步诊断自己的适应能力如何。

社会适应能力诊断量表

二、提升职业适应的方法

职业适应是职业发展的基础，涉及生理与心理的各个方面。建立良好的人际关系、提升专业技能是融入职业生活的重要前提，这就需要大学生具有追逐梦想、勇于探索、协同攻坚、合作共赢的探月精神，发扬艰苦奋斗、吃苦耐劳的老黄牛精神，树立明确的职业方向，科学有效地融入职场。

（一）尽快熟悉工作环境

了解工作环境和掌握工作单位（以企业为例）的有关信息，能使我们尽快适应职业角色，掌握工作的主动权。首先，要了解工作单位的基本情况，包括创业与成长历程、性质、规模、经营方式、发展现状（产品或服务结构）、组织结构、管理模式、规章制度、人事制度、福利待遇等。其次，要了解企业文化。企业文化是指在一定社会历史环境下，企业及其成员在长期生产经营活动中形成的文化观念和文化形式的总和。新员工了解企业文化有利于迅速理解企业的精神和宗旨，使自己的行为符合企业的总体目标、适应企业发展的步伐，使自己迅速融入企业。最后，要了解工作单位的一些不成文的规则。每个单位都有一些不成文的规则，了解这些规则，有助于新员工适应新的工作环境。

（二）尽快适应工作岗位

1. 培养职业归属感

求职者到单位后，就成为一名职场人，职业生涯由此开始。职场人的主要任务是在自己的岗位上为社会创造物质财富和精神财富，贡献自己的聪明才智。

2. 树立主人翁意识

刚到单位的年轻人容易把自己看作客人，这种心态不利于成长。把自己当作主人，把自己的前途和单位的命运联系起来，工作中才会更加主动、更有责任心，个人能得到更多锻炼，潜力也会得到发挥。

3. 调整生活节奏

调整好生活节奏，有利于尽快适应工作环境和保障自己的身心健康。一要适应工作时间、劳动强度及紧张程度；二要处理好努力工作与健康生活的关系，分清轻重缓急，做到有张有弛。

4. 从平凡工作做起

年轻人刚参加工作，能力还未体现，潜能还未发挥，不可能马上担任重要工作，往往会先从一些基础工作做起。这绝不是不受重视，而是对敬业、认真、细致、耐心等品质的考验，要学会服从工作安排，遵守职业规范。

5. 培养进取的工作作风

勤奋踏实、吃苦耐劳、谦虚认真、严谨求实、开拓进取、雷厉风行、严守秘密、服从安排等优良的工作作风，是年轻人应当学习、继承的。在预定的时间内完成工作任务，在工作时间内避免闲聊，各类物品摆放有序，工作有计划、办事有条理，工作效率就会提高很多。

（三）尽快明确自己的工作职责

新员工在熟悉工作环境、适应工作岗位的过程中，还要尽快了解和熟悉自己的工作内容，主要包括以下七个方面的内容：①清楚本岗位的任务和责任；②明确本岗位处理事务的工作权限；③明确本岗位处理事务的执行程序；④掌握本岗位工作需要的基本技能，包括操作工具、操作程序等；⑤明确本岗位的主管部门和主管人员；⑥了解本岗位在整个工作流程中的地位和作用；⑦了解企业的发展计划，为自己的工作更符合新的变化做好准备。

（四）建立和谐的人际关系

1. 正确处理与领导的关系

领导直接管理和评价下属的工作，对下属的职业发展和职位升迁有很大程度的裁决权，所以处理好与领导之间的关系是十分重要的。与不同风格的领导相处需要讲究方法与态度，可以根据自己的实际情况和所处的环境，来确定何种方式是适合自己的。但是，以下几个一般性原则是需要掌握的。

（1）遵守工作规则。任何一个组织都是通过下级对上级的服从来建立起工作秩序的，下级服从上级是最基本的常识。当然，对上级的服从程度也会因工作岗位性质的不同而存在差异。高自主性的工作岗位不需要太多的服从，如营销工作；而低自主性的工作岗位则需要更多的服从，如文秘。

（2）主动配合领导工作。好的下属善于适应各种状态的领导。如果领导在某些方面比较弱（例如年龄小于下属、技术能力不强、管理经验不足），下属却能主动配合领导做好工作，这就显出其成熟和与众不同。任何风格的领导都会欢迎主动配合自己工作的下属，尤其是在他们觉得有难处的时候。

（3）讲究办事效率。一般来说，让领导满意的部下是能理解领导的意图、工作效率高、能创造出色成绩的部下。只要能够胜任自己的本职工作，勤奋敬业、有效率、出成果，那么不管遇到什么风格的领导，都会得到肯定和器重。

（4）讲究处理矛盾、冲突的艺术。避免上下级之间的冲突是非常必要的，既能帮助下属维护自己的权益，也有助于建立健康的上下级关系，创造一个良好的工作环境。掌握沟通的技巧、经常联系和充分交流，是处理好与领导的矛盾和冲突、建立彼此间信任关系的关键。

2. 正确处理与同事的关系

在所有的人际关系中，同事关系也许是最为重要也最难处理的一种关系。建立良好的同事关系，应从以下几个方面努力。

（1）少说多做，树立良好的第一印象。作为初来乍到者，最明智的选择应该是言谈举止得体，对人讲话彬彬有礼；多观察，多思考，多倾听，少说话；穿戴朴素、整洁、利落，与自身的气质、性格、学识、修养相一致。

（2）真诚相待，友好相处。见面主动热情地打招呼，闲时可以主动找同事谈谈生活、工作上的事。当同事在工作中取得成就或生活中遇到喜事时，应表示真诚的祝贺；当同事遇到困难或麻烦时，应及时伸出援助之手，即使只是几句宽慰的话，也足以使同事感激。

（3）严于律己，宽以待人。如何要求别人、如何对待自己，可以反映一个人的修养，也是决定一个人能否与他人很好相处的重要因素。

（4）热情合作，避免冲突。在市场经济条件下，各单位在用人上引入竞争机制，这就使同事之间产生了在工作中既合作又竞争的关系。有竞争，就会有冲突。面对冲突，最好以商量的口气提出自己的意见和建议，并耐心地听取对方的意见和建议，然后在互相尊重、相互谅解中达成一致意见。

（5）掌握与人交往的技巧。在个性、价值观、行为方式等均不相同的人群中开始自己的职业生涯，如果缺乏与人交往的技巧，将难以融入陌生的环境。常见的交往技巧有适当示弱、赞美别人等。

◆◆◆ **活动探索**

提升个人能力是实现职业发展目标的重要途径。

一、活动目的

通过本次活动，以科学完整的个人能力提升计划书为载体，引导学生进行讨论交流，使其增强自主学习意识，提高人际交往能力，理性看待终身学习、试用期、跳槽、职业规划调整等问题，走正、走稳、走好职业生涯的每一步。

二、活动内容

（1）全班学生分为若干小组，每组人数视具体情况而定。

（2）各小组根据所学知识，围绕以下七个问题展开讨论。

①在职场中需要保持学习吗？

②在职场中需要学习什么？

③如何妥善处理人际关系？

④如何顺利度过试用期？

⑤如何有效提高自身的开拓创新能力？

⑥跳槽对个人发展有哪些利与弊？

⑦如何进行合理的职业规划调整？

（3）分组讨论结束后，每位同学根据自身实际情况（可运用 SWOT 分析法），制订一份个人能力提升计划，要具有可行性、完整性和逻辑性，不少于 800 字，可以用表格的形式呈现。

12.2 职业道德、职业能力、职场礼仪与良好的工作习惯

▌ **任务设置**

案例 1：病房里，实习生丁茹准备给病人打点滴。刚要注射时，一不小心，手碰到了一次性注射针头上。尽管患者没有看到，当时病房里也没有别人，而且丁茹的手刚刚消过毒，但她还是决定更换一支新的注射器。

案例 2：锅炉工小赵值夜班，因为喝了酒睡着了，被车间主任发现，罚款 100 元，并要求其做出书面检讨。事后，小赵非但不认真反思自己的问题，反而认为自己被抓是倒霉，还埋怨车间主任不近人情。

讨论：阅读以上案例，思考职业道德的形成主要靠自律还是他律？为什么？请将关键词

写在下方。

_____

_____

_____

_____

_____

任务学习

一、职业道德

职业道德是指从事一定职业的人在职业活动中形成并发展起来的道德规范、道德意识及道德活动的总和。它涵盖了从业者与服务对象、职业与职工、职业与职业之间的关系，如教师要遵守"教书育人、为人师表"的职业道德，医生要遵守"救死扶伤、治病救人"的职业道德，国家干部要遵守"勤政廉洁"的职业道德。职业道德既是对从业者在职业活动中的行为要求，又是职业对社会所承担的道德责任和义务。

（一）职业道德的内容

职业道德规范是从业者在履行本职工作或进行职业活动时，应共同遵守的各种道德规则的总和。2019 年，中共中央、国务院印发了《新时代公民道德建设实施纲要》。纲要指出，推动践行以爱岗敬业、诚实守信、办事公道、热情服务、奉献社会为主要内容的职业道德，鼓励人们在工作中做一个好的建设者。

职业道德的内容

（二）职业道德的培养

职业道德培养是指从事各种职业活动的人员，按照职业道德基本原则和规范，在职业活动中所进行的自我教育、自我锻炼、自我改造和自我完善，使自己形成良好的职业道德品质和达到一定的职业道德境界。从业者为了提高职业道德水平，除参加由企业组织的职业道德培训与教育外，还要自觉提高职业道德修养。

明确职业道德培养的内容，就能有的放矢、有效地进行自我教育、自我改造和自我提高，其内容包括以下五个方面。

1. 提高职业道德认识

职业道德认识就是对职业道德的原则规范、义务、评价标准等方面的了解。认识是行为的先导，是做好一件事情的前提，认识得越深刻，行为就越自觉、越主动，事情就越做越好。

2. 端正职业道德情感

职业道德情感是指从业者对职业行为的好恶等情绪态度。职业道德情感是在职业道德认识的基础上产生的，它促使人赞成或反对某种职业行为，强烈影响职业道德的形成和发展。

3. 磨炼职业道德意志

职业道德意志就是从业者履行某种职业道德义务时所表现的毫不动摇的决心，以及克服一切困难、阻碍做出抉择的力量和坚持精神。没有坚定的职业道德意志，就难以将职业道德信念贯彻到底，职业道德行为就有可能半途而废。

4. 确立职业道德信念

职业道德信念是从业者对某种职业道德的真诚信仰和强烈责任感。职业道德认识一旦上升为职业道德信念，就成为一种信仰，对从业者的职业行为产生巨大的支配力量。

5. 培养职业道德行为

职业道德行为是职业道德中最重要的因素，是衡量从业者职业道德的标志。养成良好的职业道德行为习惯，是从业者职业道德修养的重要内容。从业者只有不断地接受教育、深入实践、反复训练，才能养成良好的职业道德行为习惯。

二、职业能力

1. 问题解决能力

问题解决是指使用某些策略和方法将事物从初始状态转移到目标状态的过程。解决问题的能力是一种职业核心能力，它使人们受益终身，并具有可转移性。解决问题的一般过程包括五个步骤：描述问题、分析问题、设计方案、做出决策、执行与监控，如图12-2所示。

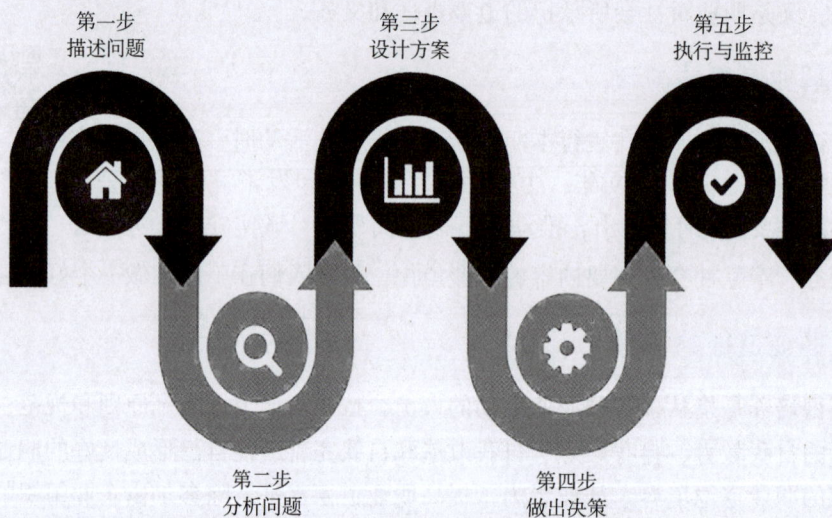

图12-2　解决问题的一般过程

◆◆◆ 活动探索

请同学们拿出一张白纸，在5分钟内，尽可能多地写出自己具备的能力，看看谁写得多。写完后，与邻座的同学进行交换，看看对方写得是否准确。

2. 学习能力

学习能力是人们获取、理解和应用知识的能力，包括学习新知识、积累经验、解决问题和适应变化等方面。无论在学校还是职场，学习都是一个持续的过程。通过提高学习能力，可以更好地适应新的知识和技能要求，并不断更新自己的知识储备。具备良好的学习能力，可以提升自己的竞争力，适应不断变化的社会和职业需求。为了提高学习能力，可以采取以下方法：

（1）培养良好的学习习惯：确保有规律地制订学习计划，合理安排时间，并保持专注和坚持。

（2）掌握有效的学习方法和技巧：了解不同学科的学习方法，掌握总结、概括、归纳等技巧，善于运用各种学习工具和资源，如图书馆、互联网等。

（3）发展批判性思维和问题解决能力：学会提出问题、分析问题、寻找解决方案，并勇于尝试解决复杂问题，培养创新思维和批判性思考能力。

（4）积极参与互动和合作学习：与同学合作学习，通过讨论、交流和分享经验，加深对知识的理解和记忆，并培养团队合作能力。

（5）不断反思和调整学习策略：及时回顾学习过程，总结经验教训，并不断调整学习策略，找到适合自己的学习方式。

3. 抗压能力

（1）不要对自己有过于苛刻的要求。

设定合理的目标和期望，不要过分追求完美。接受自己的局限性，并及时给予自己认可和奖励。例如，在考试前不要期望每一科都得高分，而是设定一个适当的目标分数，不与他人的成绩比较，对自己的进步给予肯定。

（2）保持积极的心态，学会休闲与放松。

尽量保持积极的心态，通过培养兴趣爱好、享受休闲时光、参与社交活动等方式来缓解紧张和焦虑。深呼吸、冥想、运动或欣赏音乐也可以有效降低压力水平。

（3）理性认识现实，专注自我提升。

明白并接受不可控制和改变的事实。学会在必要时灵活调整计划和目标，接受失败与挫折，并将其视为成长和学习的机会。要接受世界的参差，意识到每个人都有自己的长处和不足，没有人是完美无缺的。将注意力放在自己的成长和进步上，而不是过度与他人比较。要相信自己独特的才华和能力，发挥自己的优势，并在自己选择的领域内尽力做到最好。建立积极的自我形象和自尊感，以增强自信心。

（4）找到自己的发泄方式。

选择适合自己的发泄方式来释放情绪。例如，可以在运动时发泄、消耗掉负面情绪，或向朋友倾诉压力和烦恼。

三、职场礼仪与良好的工作习惯

1. 不要迟到早退或太早到

不管上班还是开会，都不要迟到、早退。若有事不能按时上班或参加会议，一定要提前说明。此外，外出拜访时太早到也是不礼貌的，因为对方可能还没准备好，或还要接待其他宾客。

2. 谈完事情要送客

职场中送客是最基本的礼貌。即使对方是很熟的朋友，也要起身送到办公室门口。送客户时，要将客户送到电梯口，主动帮客户按电梯，目送客户进入电梯，等电梯门完全关上后再转身离开。若对方是重要客户，应该帮忙叫出租车，帮客户开车门，目送客户离开。

3. 开门见山地陈述观点

在竞争激烈的职场上，专业实力相当的人实际上有很多，只有抓住机会脱颖而出，才能获得更好的发展空间。拐弯抹角或耐人寻味的说话方式虽然可以使人觉得你含蓄温和，但也会使人感觉你不够自信，进而怀疑你的办事能力。所以，需要把自己的设想与观点摆在桌面上，开门见山，少兜圈子，为自己赢得主动权，树立良好的职业形象。

4. 让桌面保持干净

这可以说是一件很容易做到的事，但又是一件很难坚持下来的事。桌面上杂乱的文件和记事本、明显的污渍、乱丢的签字笔，会让一切看上去都毫无头绪，既会影响工作效率，又易滋生惰性。相反，工位上整整齐齐、一尘不染，有利于提高工作的主动性和效率。

5. 耐得住寂寞，避免拖延，完美完成工作

从那些看似程式化的流程中寻找到快乐的人是善于自我控制的人，他们可以让时间听从自己的安排。每当遇到那些不情愿而又不得不做的事情时，避免拖延的最佳办法就是按部就班地行动起来完成它。在接到任务的那一刻，就使用工作计划倒推表制订工作清单，明确每天需要做的具体工作。这样可以轻松地把当天的工作做到完美。

◆◆◆ 活动探索

每种行业都有其专属的职业道德和职业能力，且需要遵守一定的职场礼仪。你所希望从事的行业需要具备哪些职业道德、职业能力和职场礼仪？请分组进行讨论，并做总结展示。

12.3 职业晋升路径与持续发展规划

任务设置

同学们，为了让大家更直观地感受职业晋升和持续发展的重要性，我们先来完成一个小任务。请大家想象自己毕业五年后的场景，回答以下问题：

1. 你从事的是什么职业？处于什么职位？

_____

_____

_____

_____

2. 为了达到这个职位，你在专业技能、人际关系、自我管理等方面都做了哪些努力？

_____

_____

_____

_____

3. 在这个过程中，你遇到了哪些挑战？是如何克服的？

_____

_____

_____

_____

4. 你对自己的职业发展是否满意？如果不满意，你打算如何调整？

_____

_____

_____

_____

_____

请大家认真思考并记录下自己的答案，稍后我们会一起分享交流。通过这个任务，希望大家对自己未来的职业发展有一个初步的设想，思考如何才能实现职业晋升和持续发展。

任务学习

一、职业晋升六阶段

从职业晋升六阶段（准备期、开始期、磨炼期、发展期、蜕变期、成熟期）的纵向发展来看，目标定位、能力提升和关系积累形成独立系统，可以为职场人规划职业发展、谋划职业晋升指明方向。

（一）目标定位

目标定位体现了职业晋升过程中，职场人从职场新人成长为基层管理者、中层管理者乃至高层领导者时，必须逐步完成的身份、思维、视野的不断升级和蜕变（图 12-3）。

准备期是初入职场的适应阶段，也是进入管理岗位前的准备阶段。面对新的职场环境，只有达到找准角色、快速适应的目标，才能实现从职场新人到行业专家的转变，为正式的职业晋升打下坚实基础。

开始期是进入管理岗位的初级阶段，也是从被管理者到管理者的质变飞跃。管理的基层团队人数有限、责任较为单一，只有达到成为团队领袖的目标，才算具备成为合格领导者的基本条件。

磨炼期是步入中间管理层的开始，也是从技术专才向管理通才的升级蜕变。能力和视野仅仅停留在专业技术领域已经不够，必须能够通过系统思考来总揽综合性业务。

发展期是能否晋升到高级管理层的关键时期，目标定位是要实现从管理者向领导者的跨越。只有达成这一目标，才具备了跻身高级管理层的条件。

蜕变期是进入高级管理层的开始，也是完成蜕变、成为最高决策者的必经阶段。这一时期的目标应该是做一个合格的副手，不仅要体现出自身的独特价值，还要处理好和一把手的关系。

成熟期是成为企业最高决策者的阶段，也是职业生涯发展的巅峰时期。这一时期的目标应该是明确企业在产业链中的定位，即将视野从企业内部扩展到整个产业，通过宏观布局引领企业发展。

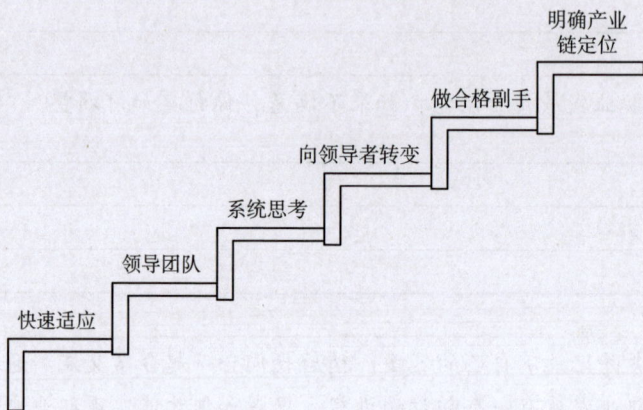

图 12-3　职业晋升六阶段的目标定位

（二）能力提升和关系积累

明确了职业晋升各阶段的目标定位，接下来就要在能力提升（图 12-4）和关系积累（图 12-5）两个方面着力发展自己。

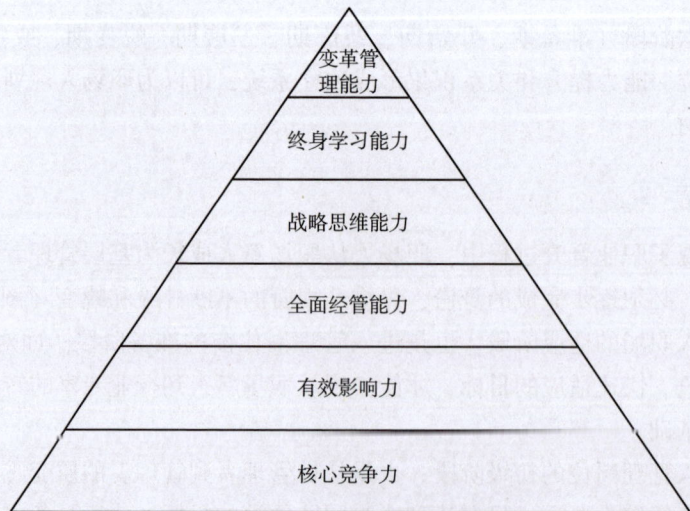

图 12-4　职业晋升六阶段的能力提升

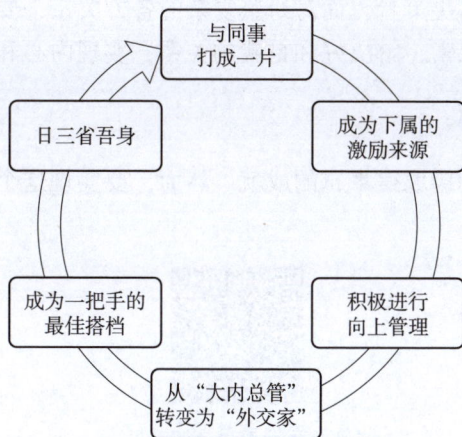

图 12-5　职业晋升六阶段的关系积累

1. 能力提升

在准备期，要想从职场新人变身行业专家，就必须在专业技术方面努力打造并形成个人的核心竞争力，使自己在众多基层员工中脱颖而出。

步入开始期，仅仅管好自己已经不够，要成为团队领袖，就必须具备施加有效影响的能力。

进入磨炼期，在专业过硬、能带队伍的基础上，还要具备全面的经营管理能力，完成从懂专业到懂经营的升级。

到了发展期，身为大型综合部门的负责人，在经营管理中需要更加高瞻远瞩，必须具备战略思维能力。

步入蜕变期，已经进入高级管理层，要想继续攀登职业生涯的最高峰，就必须具备终身学习的能力，百尺竿头更进一步。

到了成熟期，身为企业的最高决策者，要想引领企业不断突破，避免不进则退的尴尬，就必须具备变革管理的能力，以变应变，变中求胜。

2. 关系积累

在准备期，进入一个新的职场环境，首先要解决好和平级同事的关系，这是适应环境、融入环境的重要一步。没有和谐、互助的同事关系，日后的职业发展必然会存在多重隐患。

进入开始期，开始领导基层团队，人际关系的拓展重点从平级转向下级。学会适时适当激励下属，使团队保持高昂士气，是基层管理者的必修课。

到了磨炼期，作为中层管理者，已经成为公司上传下达的信息中枢。向下带好团队的同时，还要学会向上管理。向上管理的实质是与上级进行积极的良性沟通，不仅有利于领导做出决策，而且可以为自己和团队争取到更多有利资源，是一种双赢策略。

步入发展期，在经营好与平级、下级和上级的关系之后，要将关系积累的视野从企业内部转向企业外部。这是因为社会关系网络对经营绩效具有显著影响，而"弱联系"则是成本更低、效率更高的人际关系类型。

到了蜕变期，身为最高决策者的副手，关系积累的重点在于处理好和一把手的关系。成为与一把手互补、互信的最佳搭档，不仅能为当前工作的开展找到强有力的支撑，而且会为下一步的晋升打下坚实基础。

来到成熟期，作为最高决策者，面对纷繁复杂的各方关系，要想不断进取、避免不必要的失败，就必须不断向内探索，解决好和自我的关系，实现内心和谐。

二、走向卓越

在职场中，每个人都期望取得卓越的成就。然而，要实现这个目标并不容易，需要经过一系列的努力和实践。

职场人走向卓越的十条经验

◆◆◆ 活动探索

1. 绘制职业晋升路径图

根据前面所学的知识，结合自己的专业和职业目标，绘制一份详细的职业晋升路径图。标注出每个晋升阶段的时间节点、所需的技能和经验，以及可能遇到的挑战及其应对策略。

2. 制定个人品牌建立方案

思考自己的优势和特点，制订一份建立个人品牌的方案，确定个人品牌的定位和传播渠道，如建立个人网站、开通社交媒体账号等，并规划发布内容的频率和类型。

3. 人脉拓展行动

列出你希望结识的人脉对象，如行业专家、校友、企业高管等。制订一份人脉拓展计划，包括参加哪些活动、如何与他们建立联系、交流的话题等。在接下来的一个月内，至少尝试与其中两位建立联系并进行有效的沟通。

第 13 章　就业创业实践案例与分析

学习目标

【知识目标】

1. 掌握就业创业核心理论模型，了解成功或失败的关键因素（如差异化定位、风险规避）；

2. 理解实践活动反馈的理论逻辑（建构主义学习理论、OBE 目标导向评价），明确"目标设定—活动执行—效果评估"的全流程方法论。

【技能目标】

1. 能从案例中提炼可迁移的就业创业策略（如技术岗的"技能量化叙事"、创业项目的"MVP 测试"），并针对不同专业设计个性化方案；

2. 运用 PDCA 循环对就业创业活动进行复盘，通过数据对比（如面试通过率提升）和多维度反馈优化实践路径。

【素质目标】

1. 树立理性决策意识，参考案例中的警示（如盲目跟风创业、"海投"简历），避免情绪化选择，强化规划思维；

2. 培养实践反思习惯，在活动中体验就业创业的复杂性，从失败案例中总结经验，提升抗挫与迭代能力。

13.1　成功求职与创业案例分享

任务设置

在职业发展的道路上，高职生常常面临学历与经验的双重挑战，但无数真实案例证明，只要找准方向、深耕技能、勇于实践，高职生一样能在就业与创业的赛道上脱颖而出。请收集本校或本专业学生成功就业和创业的案例，并分析他们身上值得学习的地方，完成表 13-1。

表 13-1　成功求职与创业案例收集

序号	成功求职案例	成功创业案例
1		
2		
3		
……		
总结		

案例一：深耕技术，从"小厂"迈向"大厂"的逆袭

李华毕业于某高职院校的计算机网络技术专业。入学时，他就明确了自己未来要从事网络安全方向的工作。在校期间，他不仅认真学习专业课程，还利用课余时间参加各种网络安全相关的培训和竞赛。他加入了学校的网络安全社团，与志同道合的同学一起钻研技术难题，通过不断练习，熟练掌握了渗透测试、漏洞挖掘等核心技能。

毕业后，李华先进入了一家小型的网络安全服务公司。尽管公司规模不大，但业务十分繁杂，这让他有机会接触到各类不同的项目。在公司的两年时间里，他参与了多个企业网络安全防护体系的搭建与维护项目，积累了丰富的实战经验。在一个为某中型制造企业排查网络安全隐患的项目中，他凭借敏锐的洞察力和扎实的技术功底，发现了一个潜藏已久的高危漏洞，并迅速制订出有效的解决方案，成功帮助企业避免了潜在的巨大损失，这一成果得到了客户的高度赞誉，也让他在公司崭露头角。

随着经验的积累和技术的精进，李华开始将目光投向行业内的大型企业。他精心准备了一份详细的个人技术成长报告，梳理了自己参与过的项目细节、遇到的问题和提出的解决方案，突出了自己在网络安全领域的专业能力和解决实际问题的能力。在投递简历时，他针对不同企业的招聘要求，对简历进行个性化定制，精准匹配岗位需求。最终，他成功获得了一家知名互联网企业的面试机会。面试过程中，面对面试官提出的各种复杂技术问题和实际案例分析问题，李华凭借丰富的项目经验和深入的技术理解，对答如流。他的专业表现和对网络安全行业的深刻见解给面试官留下了深刻印象，成功被该企业录用，实现了从"小厂"到"大厂"的职业跨越。

案例一带给你的启示：

_____

_____

_____

案例二：跨专业求职，凭借综合素养突出重围

林悦是某高职商务英语专业的一名学生，但她对市场营销有着浓厚的兴趣。在意识到自己的专业与心仪职业存在一定差距后，她从大一开始就主动为自己的职业目标做准备。她利用课余时间选修了市场营销专业的多门核心课程，如市场营销学、消费者行为学、市场调研与预测等，系统地学习了市场营销的理论知识。同时，她积极参加各类市场营销相关的实践活动，加入了学校的营销社团，参与组织了多次校园营销大赛。在一次校园模拟销售活动中，她负责推广一款新上市的智能学习设备，通过深入分析目标客户群体（学生和家长）的需求和痛点，制订了线上线下相结合的营销策略。线上，她利用社交媒体平台进行产品宣传和推广，发布了一系列生动有趣且富有吸引力的图文和视频内容，吸引了大量潜在客户的关注；线下，她组织团队在学校周边的社区和商场开展地推活动，通过现场演示和互动，让客户亲身体验产品的优势。最终，在她和团队的努力下，该产品在校园内和周边地区的销量远超预期，她也因此在活动中积累了宝贵的营销实战经验。

临近毕业时，林悦开始向市场营销岗位投递简历。在简历中，她巧妙地将自己商务英语专业的优势与市场营销相结合，突出了自己良好的跨文化沟通能力和语言表达能力，强调这些能力在开拓国际市场、与国际客户沟通合作等方面的重要性，同时详细阐述了自己在市场

营销实践活动中扮演的角色和取得的成果。在面试过程中，她自信地运用所学的市场营销知识，结合实际案例，对各种营销问题进行深入分析，并提出创新性解决方案。最终，她成功获得了一家知名跨国企业的市场营销专员岗位，在跨专业求职的道路上取得了成功。

案例二带给你的启示：

_____

_____

_____

案例三：特色餐饮创业，从街边小店到连锁品牌

王强毕业于某高职烹饪专业，一直怀揣着创业梦想。毕业后，他经过市场调研，发现当地特色小吃市场存在空白，许多传统小吃缺乏创新和规范化经营。于是，他决定以家乡的一种特色面食为基础，进行改良和创新，开设一家特色小吃店。

创业初期，由于资金有限，王强只能在一条人流量较大的街边租下一间狭小的店面。他全情投入精力参与店铺的装修设计，力求打造出简洁而富有特色的用餐环境。在产品方面，他不断优化这种特色面食的配方和制作工艺，选用优质的食材，确保口感和品质。同时，他还推出了多种特色配菜和酱料，满足不同顾客的口味需求。为了吸引顾客，他在店铺开业初期推出了一系列优惠活动，如打折、赠送小吃等，并且利用社交媒体平台发布店铺的美食图片和介绍，吸引了不少周边居民和上班族前来品尝。由于产品口味独特、价格实惠，店铺的名声逐渐传播开来，生意越来越好。

随着顾客群体的不断扩大，王强开始考虑扩大经营规模。他扩招了专业的厨师和服务人员，对店铺进行了重新装修和升级，提升了顾客的用餐体验。同时，他开始探索连锁经营模式，制订了标准化的产品制作流程和服务规范，确保每一家连锁店都能提供一致的高品质产品和服务。在品牌推广方面，他加大了线上线下的宣传力度，与当地的美食博主、生活类公众号合作，进行产品推广和品牌宣传。经过几年的努力，他的特色小吃店已经发展成为拥有多家连锁店的知名品牌，在当地餐饮市场占据了一席之地。

案例三带给你的启示：

_____

_____

案例四："互联网+农业"创业，打造农产品电商平台

赵刚是某高职电子商务专业的一名学生，来自农村的他深知家乡农产品丰富，但由于销售渠道有限，面临着滞销的困境。于是，他决定利用自己所学的电子商务知识，搭建一个农产品电商平台，帮助家乡的农民拓宽销售渠道、增加收入。

创业伊始，赵刚面临着诸多挑战。首先是与农民的沟通和合作问题，许多农民对互联网和电商缺乏了解，对线上销售持怀疑态度。为了解决这一问题，赵刚挨家挨户地走访，向农民详细介绍电商平台的运作模式和优势，承诺帮助他们解决销售难题。同时，他组织了多场电商知识培训讲座，邀请专业人士为农民讲解如何拍摄产品照片、撰写产品介绍等基础知识，逐渐赢得了农民的信任和支持。

在平台建设方面，赵刚带领团队精心设计了农产品电商平台的界面和功能，确保操作简单便捷、用户体验良好。他们对家乡的农产品进行了深入调研，筛选出具有特色和市场潜力

的产品，如绿色有机蔬菜、土鸡蛋、手工食品等，并对这些产品进行了标准化包装和品牌打造。为了保证产品的新鲜度和品质，赵刚与专业的物流公司合作，建立了完善的冷链物流体系和质量检测机制，确保产品能够快速、安全地送达到消费者手中。

在营销推广方面，赵刚充分利用了社交媒体、电商直播等新兴渠道。他邀请网红主播到家乡进行实地直播，展示农产品的生产过程，让消费者更加直观地了解产品的来源和品质。同时，他推出了一系列优惠活动和促销策略，如满减、团购、限时折扣等，吸引了大量消费者关注和购买。经过一段时间的运营，平台的销售额逐渐增长，越来越多的农民加入到平台中来。赵刚的农产品电商平台帮助家乡的农民解决了销售难题，带动了当地经济的发展，实现了自己的创业梦想。

案例四带给你的启示：

_____

_____

_____

◆◆◆ 活动探索

就业创业案例沙盘推演

1. 活动目标

通过模拟真实就业创业场景，提升决策能力与问题解决能力；

强化"定位—策略—执行—复盘"的全流程思维，深化对案例经验的理解；

培养团队协作与资源整合意识，模拟职场中的沟通与分工模式。

2. 活动准备

（1）案例沙盘材料：从本章案例中提炼关键节点，制作成剧情卡牌（如求职案例中的"简历投递""面试挑战"，创业案例中的"市场调研"）；准备"资源卡"（如"技能证书""人脉关系""启动资金"）和"风险卡"（如"行业竞争""政策变化"）。

（2）分组与角色：4~5人一组，每组随机选择"求职组"或"创业组"身份。

求职组角色：求职者、职业导师、面试官。

创业组角色：创业者、合伙人、投资人。

（3）工具包：空白简历模板、SWOT分析表、商业画布模型图、彩色便签纸、马克笔、计时器。

3. 活动流程

阶段1：案例剧情导入

（1）抽签选题：求职组抽取"技术岗求职"或"跨专业求职"剧情包，创业组抽取"实体创业"或"互联网+创业"剧情包。

（2）目标拆解：小组讨论案例主角的核心目标是什么、关键障碍有哪些。

（3）输出：用便签纸列出目标清单与障碍清单，粘贴至黑板。

阶段2：沙盘推演实战

（1）求职组任务：模拟求职全流程。

① 简历设计策略：根据剧情卡（如"高职学历竞争'大厂'技术岗"），用SWOT分析表梳理优势（如技能证书、项目经验）与劣势（如学历）；设计差异化简历，突出案例中的

关键成果（如"独立解决××漏洞，为企业止损××万元"），附"技术成长时间轴"图表。

② 压力面试模拟：一人扮演求职者，一人扮演面试官（手持"压力问题卡"，如"你觉得专科生比本科生差在哪里？"）；其他成员担任观察员，用评分表记录表达清晰度、逻辑结构、应变能力方面的表现。

③ 复盘优化：观察员反馈，如"简历中缺少××岗位关键词""面试时未用STAR法则回应答题"；小组共同修改简历与应答话术，形成"终版求职方案"。

（2）创业组任务：商业策略制订。

① 市场调研模拟：使用商业画布分析案例市场（如王强的小吃店，客户群体为"上班族+学生"，特点是"快捷+特色"）；抽取"风险卡"（如"周边新增竞品"），讨论应对策略（如"推出会员制绑定老客户"）。

② 资源整合挑战：随机抽取"资源卡"（如"学校创业基金5 000元""企业导师指导机会"），设计低成本启动方案；绘制"执行甘特图"，规划前3个月的关键行动（如第1个月完成产品测试，第2个月启动线上宣传）。

③ 投资人路演：每组用3分钟展示商业计划，投资人（教师或学生代表）提问："你的差异化竞争力是什么？如何应对资金不足？"

④ 评分维度：创新性、可行性、资源利用率。

阶段3：跨组互评与总结

13.2 就业创业过程中的常见错误与避免方法

任务设置

场景1（求职）：学生王芳盲目追求"大厂"光环，投递20家互联网企业均被拒，错过了本地中小软件公司的春招机会，毕业3个月后仍未就业。

场景2（创业）：学生陈凯仅凭兴趣开设奶茶店，未调研周边竞品（300米内已有5家饮品店），开业半年亏损8万元，店铺倒闭。

请思考：

1. 王芳和陈凯的决策忽略了哪些关键因素？

2. 如何避免眼高手低、冲动创业？

任务学习

一、就业过程中的常见错误与理论解析

1. 职业定位模糊：盲目追求热门与稳定

（1）错误表现。

"海投"简历，如机械专业学生同时投递销售、客服、技术岗，缺乏针对性；

跟风选择"铁饭碗",如扎堆考公考编,忽视自身兴趣与能力匹配度。

（2）理论根源。

职业锚理论应用不足：未明确自身核心职业定位（如技术型、管理型、创造型），导致求职方向混乱；

信息不对称：对目标行业的岗位要求、晋升路径、真实工作状态缺乏调研，仅凭主观想象做出决策。

（3）避免方法。

三维定位法：结合兴趣匹配度（如是否享受技术钻研）、技能熟练度（如是否掌握 CAD 绘图）、行业需求度（如制造业技能人才缺口）锁定目标岗位；

信息验证：通过职业访谈（如联系从业校友）、岗位"影子体验"（如短期实习或企业参观）获取第一手信息。

2. 简历与面试：忽视成果量化与岗位匹配

（1）错误表现。

简历流水账化：仅罗列课程与实习名称，如"担任学生会干事，负责活动组织"；

面试答非所问：被问及"你的优势是什么"时，泛泛而谈"我学习能力强"，缺乏案例支撑。

（2）理论根源。

STAR 法则应用不足：未掌握"情境（situation）—任务（task）—行动（action）—结果（result）"叙事逻辑，无法有效传递价值；

供求思维错位：聚焦于"我"需要什么（如薪资、平台），而非企业需要什么（如解决问题的能力）。

（3）避免方法。

成果数据化：用具体数字重构经历，如"组织 20 多场校园活动，参与人数超 500 人，活动满意度达 92%"；

岗位关键词匹配：从招聘简章中提取核心需求（如"具备 PLC 编程经验"），在简历与面试中高频呼应。

3. 抗压能力不足：遇挫即退与归因偏差

（1）错误表现。

面试失败一次后就陷入自我否定，如"我果然不适合这个行业"；

将求职不顺归因于外部因素，如"学历歧视""运气不好"，拒绝反思自身问题。

（2）理论根源。

自我效能感低下：缺乏对自身能力的坚定信念，易因短期挫折而动摇职业规划；

归因谬误：倾向于将失败归为稳定因素（如"我天生不擅长沟通"），而非可变因素（如"面试准备不足"）。

（3）避免方法。

培养成长型心态：将挫折定义为学习机会，如"这次面试暴露了我对行业趋势的认知不足，下次需提前研究企业年报"；

建立挫折应对清单：建立"失败—改进"对照表，如"简历石沉大海→优化关键词/拓展投递渠道"。

二、创业过程中的常见错误与理论解析

1. 盲目跟风创业：忽视市场调研与差异化

（1）错误表现。

看到"网红经济"火爆，未调研本地市场即开设奶茶店、剧本秀馆；

复制他人模式，如照搬大城市的无人超市到县城，忽视消费习惯差异。

（2）理论根源。

羊群效应：受社交媒体上的成功案例误导，高估创业成功率，低估竞争风险；

波特五力模型应用不足：未分析行业竞争强度（如现有竞争者、替代品威胁、供应商议价能力）。

（3）避免方法。

MVP（最小可行性产品）测试：先用低成本方式验证需求，如通过微信社群预售农产品，再决定是否大规模投入；

差异化定位公式：目标客户+独特价值+竞争壁垒，如为本地幼儿家庭提供亲子烘焙体验（目标客户），主打"零添加食材+亲子互动"（独特价值），签约专业烘焙师背书（竞争壁垒）。

2. 资源整合失衡：过度依赖自有资源或忽视杠杆效应

（1）错误表现。

创业初期自掏腰包购置设备，如餐饮创业一次性投入20万元装修，导致现金流断裂；

拒绝外部合作，如电商创业独自承担选品、运营、物流等工作，效率低下。

（2）理论根源。

资源诅咒：过度依赖自有资金、场地等"硬资源"，忽视人脉、政策、技术等"软资源"；

平台思维不足：未利用校企合作、政府补贴、行业社群等外部资源降低成本。

（3）避免方法。

资源杠杆策略：用"轻资产模式"启动，如餐饮创业先做外卖档口而非实体店，借助第三方平台（如美团、饿了么）引流；

资源互换模型：用自身技能（如设计、编程）置换创业所需资源，如为孵化园提供技术服务换取免费办公场地。

3. 忽视风险管理：法律意识不足与应急机制缺失

（1）错误表现。

合伙创业仅有口头约定，未签订合伙协议，后期因利益分配纠纷而散伙；

未预留风险准备金，如遇疫情等突发情况，实体店因租金压力倒闭。

（2）理论根源。

契约精神淡薄：对法律风险认知不足，认为人情比合同更可靠；

危机管理理论应用不足：未建立"风险—应对"矩阵，缺乏对政策变化、市场波动的预判。

（3）避免方法。

法律先行原则：创业前咨询专业律师，完善劳动合同、合作协议、知识产权保护协议等文件；

风险对冲策略：设置"3个月应急资金池"，同时开拓线上线下双渠道，降低单一业务风险，如实体店同步运营抖音团购、社群私域。

◆◆◆ **活动探索**

求职创业风险模拟与应对

1. 活动目标

通过模拟游戏识别风险点，强化决策理性。

2. 活动步骤

（1）风险卡牌游戏：制作"求职创业风险卡牌"（如"企业要求交押金""竞品数量超预期""客户拖欠货款"等），学生分组抽取卡牌，用"风险—应对"矩阵快速给出解决方案（示例如表13-2所示）。

表13-2 "风险—应对"矩阵

风险事件	风险等级	应对策略
面试时被要求先交3 000元培训费	高（诈骗风险）	①拒绝并举报； ②援引《劳动合同法》第九条（用人单位招用劳动者，不得要求劳动者提供担保或者以其他名义向劳动者收取财物）。

（2）辩论赛："就业应优先选择稳定岗位" vs "创业才能实现财务自由"。

结合理论（如职业发展阶段理论、创业资源评估模型）辩论，避免情绪化表达。

3. 活动总结

各组整理《就业创业"避坑"指南》，包含法律风险、决策误区、心理调适等板块，在班级群内共享。

13.3 就业创业指导实践活动的反馈与总结

任务导入

某高职院校开展"就业创业指导月"活动后，通过问卷调查发现：

85%的学生认为案例分享会有用，但仅30%能复述案例中的关键策略；

70%的学生参与了模拟面试，但面试通过率（35%）与活动前（32%）差异不显著。

请思考：

1. 为何活动参与度高但效果不明显？

2. 你希望参加什么类型的就业创业指导实践活动？

任务学习

一、实践活动反馈的理论基础

1. 建构主义学习理论：从经验中主动建构认知

（1）核心观点：通过参与实践活动（如模拟面试、创业沙盘），在真实或模拟情境中解决问题，主动建构对就业创业的理解。反馈环节是将实践经验转化为系统性知识的关键，例如学生在"简历优化工作坊"中通过互评发现成果量化不足的问题，结合教师讲解的 STAR 法则，形成对有效简历叙事的深度认知。

（2）应用要点：反馈需基于具体行为而非主观评价，如"你在模拟面试中未回应岗位核心需求（如未提及 PLC 编程经验），建议下次优先匹配招聘简章关键词"；鼓励学生自我反思，用"经验—理论—新经验"循环提升能力，如"这次路演失败是因未考虑资金链风险，下次需用商业画布提前规划现金流"。

2. 目标导向评价理论（OBE）：以成果反推活动有效性

（1）核心逻辑：实践活动的价值需通过学生能力提升的可观测成果验证。例如，活动前，30%的学生能完整描述求职岗位的核心技能要求；活动后，通过岗位需求分析训练，75%的学生可精准提取招聘简章中的关键词并匹配自身经历。

（2）评价维度：能力提升成果可通过表 13-3 体现。

表 13-3　能力提升成果

一级指标	二级指标	观测方法
知识掌握	能复述就业创业关键理论（如 SWOT、MVP）	随机抽取学生讲解理论要点，录制视频分析
技能提升	简历通过率、模拟面试评分提升	对比活动前后的求职材料与面试表现数据
素养养成	主动规划意识、风险防范意识增强	观察学生在小组讨论中是否主动提出差异化定位、应急方案等策略

3. 社会学习理论（班杜拉）：通过榜样示范强化行为

（1）理论应用：邀请校友分享就业创业真实案例（如从高职生到技术主管的成长路径），其成功经验可作为替代性经验，帮助学生建立"我也能成功"的自我效能感。在反馈环节中，引导学生对比自身与榜样的差距，例如"学长在求职时用'技术成长报告'突出了项目成果，而我仅罗列了所学课程，接下来需整理自己的实操案例库"。

（2）强化策略：设立"进步可视化榜单"，记录学生在活动中的技能提升数据（如简历修改次数、模拟面试通过率）；评选"最佳实践小组"，通过榜样小组的方案展示，激发其他学生的学习动力。

二、实践活动总结的方法论

1. 复盘四步法：回顾—分析—提炼—应用

（1）回顾目标：对照活动初始目标，检查完成情况。如某简历优化活动预设目标为80%的学生掌握成果量化技巧，实际达成率为72%，需分析未达标原因（如训练时长不足、案例类型单一）。

（2）分析差异：

成功经验：如"压力面试模拟中引入企业 HR 担任面试官，学生对岗位真实需求的认知提升显著"；

改进点：如"创业沙盘活动中，学生对政策补贴利用不足，需增加'本地创业政策解读'环节"。

（3）提炼规律：总结可复制的方法论，如"求职活动中，'岗位关键词匹配训练+STAR 法则实战'组合能有效提升简历针对性"。

（4）应用迁移：将提炼出的规律应用于新场景，如将简历复盘机制迁移到创业项目的商业计划迭代中，定期分析用户反馈数据并优化方案。

2. 360 度反馈法：多视角整合提升

（1）反馈主体与重点见表 13-4。

表 13-4　360 度反馈法

评价主体	反馈重点	收集方式
学生自己	核心收获、仍存在的困惑	填写活动反思日志，用"案例+分析"格式记录
教师	在团队中的角色、技能短板与潜力	结合活动观察记录，一对一沟通反馈
企业导师/校友	表现与职场要求的差距、改进建议	填写模拟面试评分表，评估创业方案专业度
小组成员	贡献度、协作中的问题与改进建议	匿名填写《团队协作反馈表》

（2）应用示例：学生张三在创业路演中表现出数据论证不足的问题，结合教师"需补充市场调研数据"、企业导师"商业计划需更关注投资回报率"、小组成员"汇报逻辑混乱"的多方反馈，制订了"学习行业报告撰写方法，下次路演前完成至少 3 份竞品数据分析"的改进计划。

3. 持续改进模型：PDCA 循环

（1）计划（plan）：根据前一轮活动反馈，设定新目标。例如，针对学生在创业沙盘活动中风险意识薄弱的问题，新增"危机应对专项训练"模块，目标为 90% 的学生能在模拟中提出至少 2 种风险解决方案。

（2）执行（do）：设计具体活动，如"风险卡牌挑战"，让学生随机抽取"政策变动""供应链断裂"等卡牌，限时制订应对策略，并通过小组辩论验证方案可行性。

（3）检查（check）：通过"危机应对方案评分表"评估学生表现，对比活动前后的风险应对能力数据（如方案完整性、创新性）。

（4）处理（act）：固化有效环节（如将"风险卡牌"纳入常规训练工具），对未达标的学生提供个性化辅导（如推荐风险管理学在线课程）。

◆◆◆ 活动探索

就业创业指导效果复盘与改进

1. 活动目标

学会用 PDCA 模型评估活动效果，提出改进方案。

2. 活动步骤

（1）数据回顾：展示本校近年就业创业指导活动的参与率、学生满意度、就业质量报告（如平均起薪、专业对口率），引导学生分析数据关联（如"参与过模拟面试的学生在就业时的专业对口率比未参加模拟面试的学生高 18%"）（表 13-5）。

表 13-5　本校近年就业创业指导活动相关数据

年度	就业指导活动参与率	学生满意度	就业质量

（2）小组诊断：分组分析"任务导入"中的活动存在的问题（如"案例分享会效果差"），运用 PDCA 模型提出改进建议（如"在案例分享后增加'策略迁移练习'环节"）。

3. 活动总结

将优秀方案提交至学校就业指导中心，作为下一年度活动的参考。